Paris
1890

Goethe, Johann Wolfgang von

Hermann et Dorothée

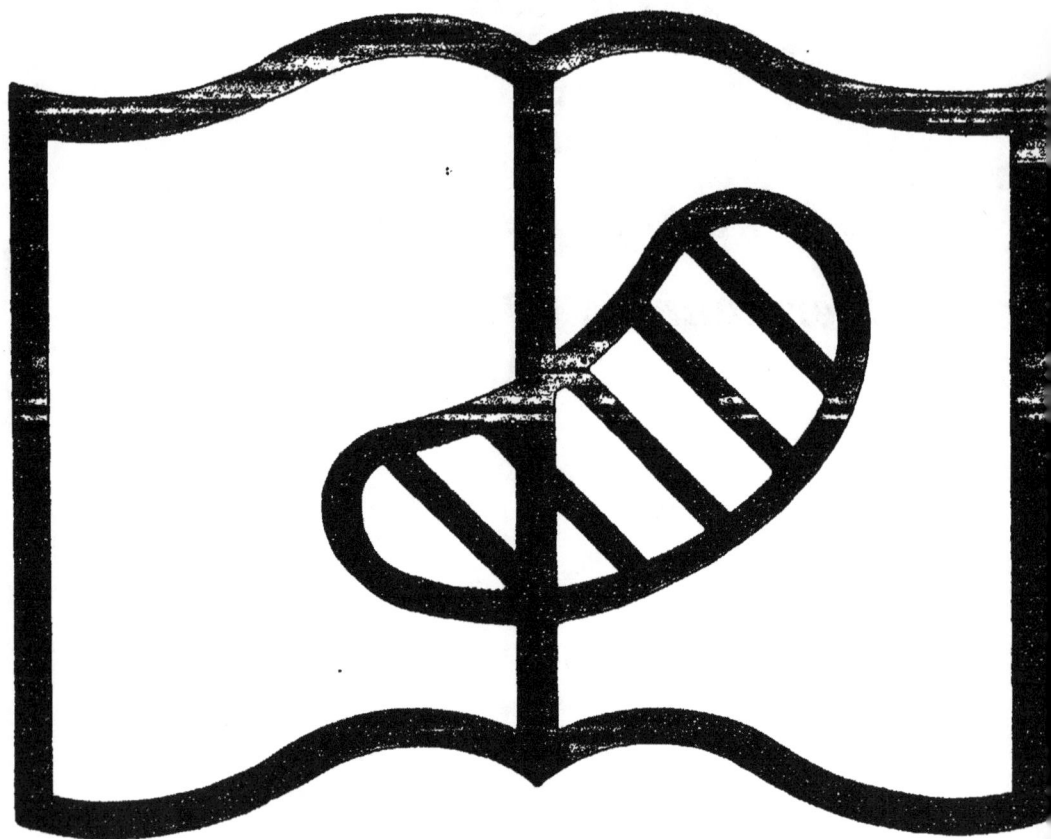

Symbole applicable
pour tout, ou partie
des documents microfilmés

Original illisible

NF Z 43-120-10

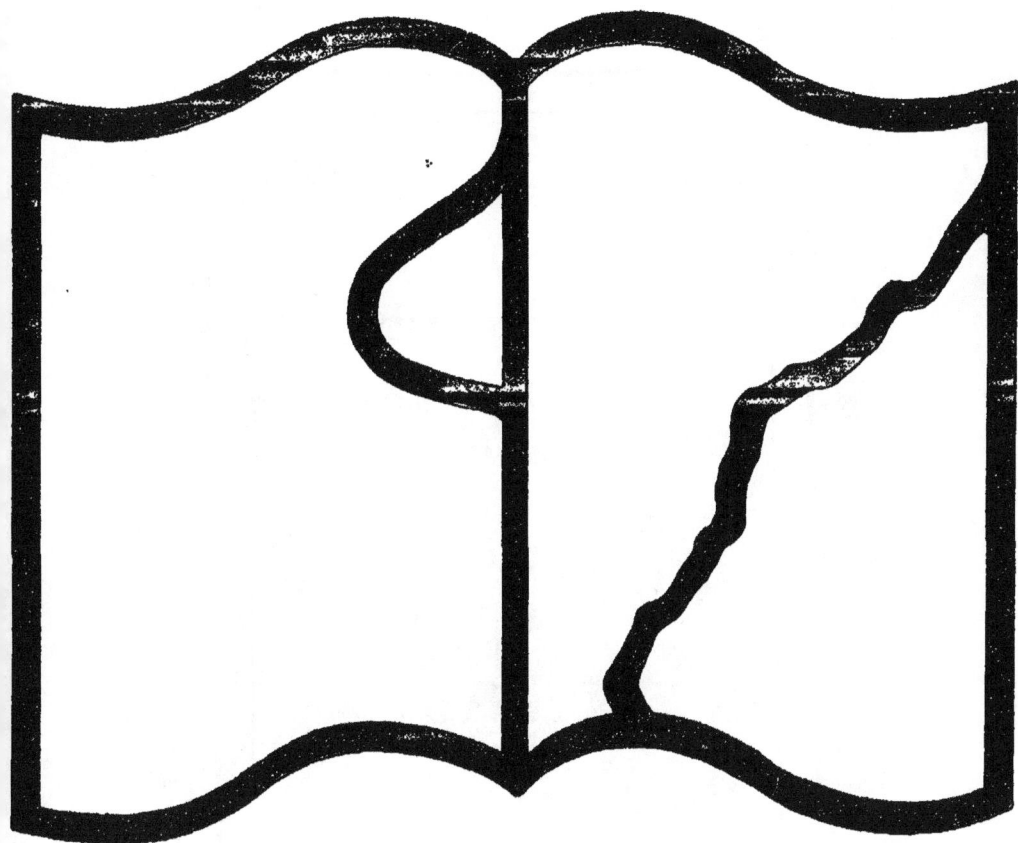

Symbole applicable
pour tout, ou partie
des documents microfilmés

Texte détérioré — reliure défectueuse

NF Z 43-120-11

HERMANN ET DOROTHÉE

POÈME

PAR GOETHE

TRADUCTION FRANÇAISE
PAR BITAUBÉ.

PARIS

IMPRIMERIE ET LIBRAIRIE CLASSIQUES

MAISON JULES DELALAIN ET FILS

DELALAIN FRÈRES, Successeurs

56, RUE DES ÉCOLES.

HERMANN ET DOROTHÉE

TRADUCTION FRANÇAISE.

COLLECTION DES AUTEURS ALLEMANDS

Prescrits pour les classes et les examens du Baccalauréat.

Éditions classiques sans annotations,
précédées de notices littéraires et historiques

par M. E. HALLBERG,

professeur de littérature étrangère à la faculté
des lettres de Toulouse.

Format in-18.

CHAMISSO, Pierre Schlemihl. — 80 c.

GOETHE. Hermann et Dorothée, poème. — 80 c.

GOETHE. Iphigénie en Tauride, tragédie. — 1 f.

GOETHE. Torquato Tasso, tragédie. — 1 f.

HERDER. Le Cid, poème. — 1 f. 25 c.

HERDER et LIEBESKIND. Les Feuilles de Palmier, première partie. — 1 f. 25 c.

LESSING. Dramaturgie (la), articles choisis de critique sur l'art dramatique. — 1 f. 75 c.

LESSING. Laocoon, suivi d'un choix de Lettres archéologiques. — 1 f. 75 c.

LESSING. Lettres choisies sur la Littérature moderne. — 1 f. 40 c.

LESSING. Minna de Barnhelm, comédie. — 1 f. 25 c.

SCHILLER. La Fiancée de Messine, tragédie. — 1 f. 25 c.

SCHILLER. Guillaume Tell, tragédie. — 1 f. 25 c.

SCHILLER. Jeanne d'Arc, tragédie. — 1 f. 25 c.

SCHILLER. Le Neveu et l'Oncle, comédie. — 90 c.

SCHILLER. Marie Stuart, tragédie. — 1 f. 25 c.

SCHILLER. Soulèvement des Pays-Bas, premier et deuxième livres. — 1 f. 40 c.

SCHMID (Chanoine). Fridolin et Dietrich. — 1 f. 60 c.

SCHMID (Chanoine). Henri d'Eichenfels. — 60 c.

HERMANN·ET DOROTHÉE

POËME

Par GŒTHE

TRADUCTION FRANÇAISE

Par BITAUBÉ.

PARIS
IMPRIMERIE ET LIBRAIRIE CLASSIQUES
Maison Jules Delalain et Fils
DELALAIN FRÉRES, Successeurs
56, RUE DES ÉCOLES.

Toute contrefaçon sera poursuivie conformément aux lois; tous les exemplaires sont revêtus de notre griffe.

Delalain frères

1890.

NOTICE SUR GŒTHE[1].

Jean Wolfgang Gœthe est né à Francfort-sur-le-Mein le 28 août 1749, et mort à Weimar le 22 mars 1832.

Peu d'écrivains se sont trouvés, dès leur enfance, dans des conditions aussi favorables à tous égards : issu d'une famille riche et distinguée, doué de tous les agréments physiques et des qualités d'esprit les plus enviables, élevé dans un milieu paisible et souriant, entre un père instruit et sérieux[2] et une mère gracieuse et spirituelle, Gœthe put développer sans peine les facultés naturelles dont il avait été comblé. Le spectacle animé d'une grande ville, d'où le commerce n'excluait pas les goûts aristocratiques, et qui s'appelait avec orgueil la ville impériale, ne contribua pas peu à élargir le cercle de ses idées et de son imagination. Son enfance, d'ailleurs, se passa au milieu d'événements qui devaient frapper son es-

1. Les ressources ne manquent pas aux biographes de Gœthe : outre ses propres mémoires, intitulés *Tag- und Jahres-Hefte* (Annales), et *Dichtung und Wahrheit* (Poésie et Vérité), nous avons sa biographie très-détaillée par Falk, une notice de Carus, les diverses notices publiées chez nous par Phil. Chasles et Blaze de Bury, enfin les deux volumes que M. Mézières a récemment consacrés au grand poëte. On peut consulter aussi avec fruit la vaste correspondance de Gœthe : les lettres les plus intéressantes sont celles qu'il a adressées au grand-duc Charles-Auguste, à Schiller et à Zelter.

2. Il avait le titre de conseiller impérial, sans en exercer les fonctions.

prit : la guerre de Sept ans, l'occupation française, le couronnement de l'empereur Joseph II en 1764. Le séjour des Français à Francfort fut pour lui de la plus haute importance : le commandant comte de Thoranne se montra plein de bienveillance pour l'aimable enfant dont il fréquentait la maison, et influa d'une manière sensible sur son avenir par ses spirituelles conversations et les livres français qu'il lui prêta. En outre, nos soldats avaient amené à leur suite une troupe de théâtre et organisé à Francfort des représentations dramatiques qui eurent le plus grand succès ; parmi les spectateurs de ce théâtre improvisé, nul assurément ne s'abandonna au plaisir des yeux et de l'esprit avec plus de bonheur que le jeune Gœthe. Dès cette époque il manifesta un goût prononcé pour tout ce qu'il y avait de *plastique* dans la vie, et sa passion pour les représentations théâtrales fut peut-être une des causes qui contribuèrent le plus à déterminer sa vocation littéraire et à l'engager dans la voie de la poésie. D'autre part, son cœur était déjà impressionné par une première affection, et cet amour enfantin le prédisposait encore davantage à la rêverie poétique.

Il ne négligeait cependant pas son instruction : plus heureux que Schiller, il apprenait à loisir, sans se révolter contre un travail forcé, et n'avait à redouter ni les études trop systématiques, ni les maîtres trop exigeants ; il étudiait pour ainsi dire en se jouant, et arrivait ainsi, de très-bonne heure, à connaître sept langues, mortes ou vivantes : l'étude de l'hébreu lui inspira son premier essai poétique, une histoire de Joseph, petite épopée biblique qui ne nous est point parvenue. Nous avons en revanche une de ses « odes sacrées », intitulée : la *Descente du Christ aux enfers*, qui est de 1762, et qui révèle déjà une grande connaissance de la langue et une certaine habileté à la manier. A côté de ces poésies religieuses, le jeune Gœthe se permettait aussi quelques odes anacréontiques. Il avait déjà conscience de sa valeur et se promettait, avec sa naïve vanité d'enfant auteur, une place dans la postérité, à côté de *Gellert*[1].

Lorsqu'il termina ses études préliminaires, il n'avait qu'une ambition : c'était de se vouer entièrement au culte des lettres et surtout à l'étude des modèles classiques, à l'admiration de l'antiquité grecque et romaine. Son père en décida autrement : il voulait que son fils étudiât le droit, pour qu'il pût arriver à la carrière des honneurs et avoir accès dans les premières maisons de sa ville natale. Le jeune Gœthe se rendit donc à Leipzig, où il fit son droit, tout en ne négligeant pas ses études favorites. Malheureusement la littérature allemande était représentée à Leipzig par deux écrivains très-absolus dans leur système, bien que fort médiocres comme auteurs, Gottsched et Gellert : ils n'avaient rien de ce qu'il fallait pour séduire l'âme et l'imagination d'un jeune homme tel que Gœthe, et celui-ci, plutôt que de faire fausse route dans la poésie, préféra se replier sur lui-même et renoncer au commerce des lettres. Il prit l'habitude, dès lors, d'exprimer ses divers sentiments dans des pièces de poésie qu'il ne destinait pas d'abord à la publicité, et qui ont formé, dans la suite, le recueil de ses meilleures poésies fugitives.

Il avait pourtant des amis, et s'essayait avec eux dans le genre dramatique : c'est ainsi qu'il composa, en collaboration avec quelques jeunes étudiants de mérite, les *Caprices d'un amant*, les *Complices*, et d'autres comédies où il est difficile de trouver une preuve bien manifeste de son futur génie. Outre ces distractions poétiques, le jeune Gœthe se livrait encore avec ardeur à l'étude de la peinture, pour laquelle il avait un goût très-prononcé.

Au sortir d'une grave maladie, il revient à Francfort,

---

1. Gellert (né en 1715, mort en 1769) était l'un des littérateurs allemands les plus en renom vers 1760. On a de lui des Fables et des Contes qui ne manquent pas de mérite, sans justifier toutefois l'admiration dont ils furent l'objet.

en 1768, et y fait la connaissance d'une demoiselle de Klettenberg, dont la conversation tourne son âme vers le mysticisme. Le souvenir de cette période de sa jeunesse lui a inspiré, plus tard, quelques belles pages de son *Wilhelm Meister*. Au point de vue religieux et philosophique, ce moment de sa vie est une époque d'incertitude et de tâtonnements : il s'adonne tour à tour à la philosophie cartésienne, au néo-platonisme, à tous les systèmes anciens et modernes, et finit même par se livrer à l'étude de l'alchimie.

Ce besoin de tout remuer et de tout savoir le suivit encore à Strasbourg, où il se rendit bientôt après pour terminer son droit ; la jurisprudence eut, là encore, des rivales dans l'esprit du jeune poète : cette fois ce furent l'anatomie et la chimie qu'il voulut étudier à fond. Entre temps, il fait la connaissance de Herder, qui le familiarise avec les arts de l'Italie, tout en lui faisant goûter Shakspeare et la poésie anglaise. Grâce au voisinage de la France, Gœthe apprenait aussi, vers la même époque, à mieux connaître les auteurs français.

Reçu docteur en droit en 1771, il retourne à Francfort, et, en passant à Wetzlar, il est témoin d'une catastrophe qui lui inspire son premier ouvrage : l'amour déplorable du jeune poète Jérusalem pour une femme mariée et son suicide lui font concevoir l'idée de son *Werther*, qui ne parut que trois ans après[1].

Plusieurs ouvrages l'occupaient alors, et la jurisprudence était décidément sacrifiée, malgré le mécontentement du père de Gœthe, qui n'admettait pas que le jeune docteur pût faire son chemin dans la littérature. La sœur

---

1. On attribue souvent ce roman au chagrin que Gœthe éprouva à la suite de son amour malheureux pour Frédérique Brion, fille d'un pasteur alsacien. Tout porte à croire, cependant, que la rupture avec cette jeune personne fut volontaire de la part du poète.

du poëte, Cornélie, était alors sa confidente et l'encoura-
geait dans ses essais. Quelques amis, dont le goût égalait
la bienveillance, l'encourageaient aussi dans cette voie et
applaudissaient à ses débuts. C'est ainsi que Gœthe composa son *Gœtz de Berlichingen*, et y mit la dernière main
en 1773. Ce drame parut, dans le courant de la même année, sans nom d'auteur; il en fut de même, l'année suivante, pour les *Souffrances du jeune Werther*.

Gœtz de Berlichingen fut le signal d'une réforme dramatique en Allemagne : Gœthe montrait, dans cette œuvre,
comment l'on pouvait secouer le joug des vieilles conven-
tions théâtrales et imiter la libre allure de Shakspeare, tout
en s'astreignant à suivre l'histoire et en s'inspirant des
glorieuses traditions de l'âge chevaleresque. Les peintures
historiques y sont à la hauteur des scènes d'imagination
pure et de passion.

C'est l'imagination, c'est la passion qui domine dans
Werther, bien que ce roman soit une peinture souvent
exacte de la maladie morale qui régnait en Allemagne à
cette époque. Nulle part ailleurs le poëte n'a représenté
avec des couleurs aussi vives et une vérité aussi saisis-
sante l'état d'une âme qui souffre des dissonances de la
vie, et qui ne sait pas se résigner à subir les nécessités de
notre condition sociale. On a souvent dit que ce roman avait
exercé une influence funeste sur la jeunesse allemande à
l'époque où il parut; en France même, où l'on est moins
sentimental qu'en Allemagne, le jeune Werther eut des
émules, et quelques suicides servirent de commentaire au
roman de Gœthe. Ce fait même prouve que l'auteur avait
observé, comme il l'a dit, les symptômes de la maladie de
son siècle avec toute la sagacité d'un bon médecin.

Gœthe n'avait pas encore, à ce moment, épuisé la provi-
sion de poésie qu'il avait amassée pendant les années de
sa première jeunesse. Il lui en restait assez pour produire
des œuvres nombreuses et admirables. Le commencement
de *Faust* et quelques scènes de la première partie de ce

a.

drame lui ont été inspirés, plus que le reste, par ces impressions du jeune âge qui ne s'effacent jamais de notre souvenir. Ce sont ces impressions auxquelles il a donné un corps et une âme en créant, dans *Faust*, le personnage si touchant de Marguerite, celui de Méphistophélès, le génie du mal, en regard du docteur Faust, qui représente l'auteur à certains moments de sa vie et la vaine science de l'homme, toujours en quête de la vérité, mais aboutissant toujours à l'erreur et au mal lorsqu'elle s'écarte des voies que Dieu lui a tracées. C'est l'histoire philosophique et morale de Gœthe lui-même et, en quelque sorte, de l'humanité tout entière.

Voué maintenant à la littérature, Gœthe travaille activement aux œuvres qui ont illustré sa première période : le drame bourgeois de *Clavigo*, dont la donnée se trouve dans les Mémoires de Beaumarchais, eut un aussi grand retentissement que *Gœtz* (1774). Tout en jetant sur le papier quelques scènes de tragédies classiques, telles que *Prométhée, César, Mahomet*, le jeune poëte donnait un libre cours à son humeur doucement railleuse dans des opuscules piquants et légers, qui rappellent le genre de Hans Sachs. Ce qu'il attaque de préférence, c'est le genre sentimental et faux qui avait été mis à la mode par les imitateurs de Rousseau. La satire, du reste, n'était pas mordante, comme le prouve le meilleur de ces petits écrits, intitulé « *les Dieux, les Héros et Wieland* », qui est une parodie de l'*Alceste* de Wieland, et une critique de l'emploi abusif que cet auteur faisait de la mythologie grecque.

Gœthe, déjà connu dans le monde des lettres germaniques, se lia, dès cette année (1774), avec les écrivains les plus connus de l'Allemagne, entra en relations avec Jacobi et Klopstock, correspondit avec les jeunes poëtes de Gœttingue, dont l'*Almanach des Muses* inséra plusieurs de ses premières poésies, et fit, par l'intermédiaire de Knebel, la connaissance du prince Charles-Auguste de Saxe-Weimar, qui, en traversant Francfort à la fin de l'année 1774, voulut se faire présenter le jeune auteur dont il admirait les ouvrages.

Fiancé à Élisabeth Schœnemann, fille d'un des principaux bourgeois de Francfort, Gœthe chanta ses espérances de bonheur dans *Stella* ; mais ces espérances ne devaient pas se réaliser : les deux familles s'opposèrent à l'union des jeunes gens et Gœthe, pour se dérober aux poignantes émotions que réveillaient en lui les lieux témoins de son infortune, se décida (1775) à faire un voyage en Suisse, accompagné des deux comtes Stolberg. A la fin de l'année, il accepta l'hospitalité que le duc Charles lui offrait à Weimar, et inaugura ainsi une nouvelle période de son existence.

Weimar était déjà, dès ce moment, le centre d'une pléiade de littérateurs distingués et le siége d'une cour aimable et intelligente. Autour de la duchesse mère, Anne-Amélie, dont Wieland nous a laissé un si gracieux portrait, se groupaient des femmes spirituelles et enthousiastes, modèles de toutes les vertus comme de toutes les grâces féminines, telles que la jeune duchesse Louise, Mᵐᵉ de Stein, et tant d'autres.

Au commencement de l'année 1776, le duc Charles, pour fixer le poëte dans ce milieu, lui donna le titre de conseiller de légation; mais mieux que les titres et les faveurs, les égards de la famille régnante décidèrent Gœthe à établir sa résidence définitive dans le petit duché qui lui fit bientôt oublier sa patrie. Devenu l'ami intime du prince, il l'accompagna dans ses voyages à travers ses États, et le suivit même à Berlin, dont le séjour lui parut au plus haut point désagréable et ennuyeux. Son activité littéraire ne se ralentissait pas cependant ; il écrivait un assez grand nombre de bluettes et quelques comédies pour la société dont il était l'ornement : Wieland semblait abdiquer sa royauté poétique en faveur de son jeune ami.

Membre du conseil privé, et chargé, à ce titre, de l'inspection des routes dans le duché de Saxe-Weimar, Gœthe travaillait de préférence à ses drames et à ses poëmes lorsque ses fonctions l'éloignaient pour quelques jours de la résidence ducale. C'est ainsi qu'il composa l'*Iphigénie en Tauride* sous sa première forme, en prose, et la fit jouer en 1779 sur le théâtre d'amateurs qui s'était formé à Weimar, et dont il avait la direction. Il s'acquitta lui-même du rôle d'Oreste à la satisfaction générale.

Après un voyage qu'il fit en Suisse avec son prince, et dont résulta un charmant opéra, *Jéry et Bœtely*, tout imprégné de la senteur des montagnes, Gœthe, désireux de voir son royal ami faire de nouveaux progrès dans la sagesse et la vertu, entreprit d'écrire pour lui la vie de *Bernard de Saxe-Weimar* ; mais les événements si compliqués de la guerre de Trente ans, dont il fallait dégager cette personnalité, le rebutèrent, et il renonça à écrire l'histoire au moment même où Schiller se créait par elle un de ses principaux titres de gloire.

La tendre et pure amitié qui l'unissait à Mme de Stein lui inspira l'idée de son *Torquato Tasso* : les deux premiers actes de ce drame furent écrits en 1780 et 1781, en même temps qu'il travaillait à son roman de prédilection, les *Années d'apprentissage de Wilhelm Meister*, dont l'idée première remonte à 1777, et dont l'exécution occupa une notable partie de son existence. A côté de la poésie, les sciences naturelles avaient encore une place importante parmi ses études ou plutôt ses distractions : il les avait depuis longtemps cultivées avec un goût prononcé ; son ardeur s'accrut encore à Weimar, et se communiqua même à ceux qui l'entouraient.

Anobli en 1782, et chargé de la direction des finances, Gœthe finit par négliger la poésie au profit des affaires, des sciences et de la méditation ; il était devenu rêveur et taciturne, et ne se plaisait guère que dans la société de Mme de Stein, de Herder et de Knebel. Son voyage en Italie, qu'il commença en septembre 1786, devait opérer chez lui une révolution salutaire. Il emportait avec lui ses ébauches littéraires et son goût pour les sciences naturelles, auquel il comptait donner un nouvel aliment sous le beau ciel de l'Italie. C'est là, en effet, qu'il conçut la première idée de ses *Métamorphoses des plantes*, et là aussi qu'il refit son *Iphigénie*, dans la langue des dieux, cette fois, et continua *Torquato Tasso*, sans compter les moments qu'il consacra à *Egmont* et à *Faust*.

Ce fut avec une profonde douleur qu'il s'éloigna de l'Italie après un séjour de dix-huit mois, et retourna à Weimar au milieu de 1788. Ce voyage l'avait complétement métamorphosé : il voyait maintenant l'art dans toute sa splendide clarté ; le soleil de l'Italie avait à la fois illuminé et réchauffé son imagination ; il revenait de la terre classique par excellence comme un disciple fervent de l'antiquité, qu'il avait pu étudier et admirer sous toutes ses faces[1]. Son *Iphigénie en Tauride*, qui parut en 1787 sous sa forme actuelle, est une des preuves les plus frappantes de cette évolution du poète. Le *Tasse* témoigne aussi du progrès à la fois intellectuel et moral qu'il venait d'accomplir.

Le duc Charles le nomma, à son retour, surintendant des établissements scientifiques et artistiques de Weimar, d'Iéna et d'Eisenach. Gœthe ne considéra pas cette position comme une sinécure, et donna tous ses soins à l'université d'Iéna, qui lui dut en grande partie sa prospérité, aux bibliothèques, aux musées, aux écoles, comme aussi au théâtre de Weimar, qu'il dirigea à partir de 1791 jusqu'en 1818 et qui, devenu florissant grâce à lui, fut bientôt le modèle de toutes les scènes allemandes.

Son désir de continuer les œuvres qu'il avait commencées, sa crainte de ne plus être compris par la société de Weimar, et sa liaison avec Christiane Vulpius, dont il s'é-

1. Il s'était précédemment exercé à la sculpture ; mais il y renonça dès qu'il se trouva en présence des merveilles de la statuaire antique.

prit en 1788, le rendirent peu à peu réservé dans ses relations et presque sauvage. Il avait rompu avec Mme de Stein, et ne voyait pas encore Schiller, qu'il appréciait cependant et qu'il avait fait nommer professeur d'histoire à Iéna. Quant à Herder, il était en Italie à ce moment, et Gœthe ne correspondait que rarement avec lui.

L'histoire de cette période de sa vie ne peut guère être qu'une liste chronologique de ses principaux chefs-d'œuvre, qui la remplissent presque uniquement. En 1788, paraît *Egmont* ; en 1790, *Torquato Tasso* et la première partie de *Faust* (qui fut remaniée depuis, en 1808), ainsi que son *Essai sur les métamorphoses des plantes*, qui fit une véritable révolution dans la botanique. Les sciences l'absorbent en 1791 et 1792 : il publie des mémoires remarquables sur l'optique ; puis, revenant à la littérature, il édite de 1794 à 1796 les *Années d'apprentissage de Wilhelm Meister*, le poème de *Reineke Fuchs*, où il s'inspire avec bonheur des vieux fabliaux et des romans du *Renart*.

Cependant, de grands et terribles événements s'accomplissaient en France, en Allemagne, et jusque autour de lui. La révolution française avait remué le monde, et l'Allemagne avait été plus que les autres pays ébranlée par cette commotion. Gœthe, malgré la réserve dans laquelle il avait l'habitude de se renfermer pour tout ce qui sortait de ses attributions ou de ses goûts habituels, ne put s'empêcher de prendre part à ce que les Allemands appelaient le grand mouvement national : dès 1792, il assista avec son prince à l'expédition de Champagne et à la défaite de l'armée austro-prussienne. Le souvenir de cette guerre et de l'infortune des émigrés lui inspira dans la suite les premières pages d'*Hermann et Dorothée*.

Pour ne pas revenir plus loin sur le rôle ou l'attitude de Gœthe pendant cette période de guerres qui ensanglanta l'Europe et surtout l'Allemagne, disons tout de suite qu'il tâcha toujours de se tenir autant que possible en dehors des émotions et des passions du jour. S'il eut le tort, avec

Schiller, d'applaudir au massacre des plénipotentiaires français à Rastadt, en 1798, il a été, en revanche, passablement sceptique au sujet du triomphe de la cause allemande, et ne prit aucune part au grand mouvement national de 1813. En 1806, au moment de la bataille d'Iéna, il se décida brusquement à épouser Mlle Vulpius[1]. Puis, l'année suivante, au moment de l'entrevue d'Iéna, il recevait des décorations à la fois de Napoléon et de l'empereur de Russie. Sans vouloir soupçonner de vanité un homme tel que lui, on est autorisé à croire que ces distinctions lui étaient agréables ; il avait toujours professé un certain respect pour les grandes puissances, pour les souverains absolus, et n'était pas fâché de devenir l'objet de leurs égards[2].

C'est en 1794 que Schiller et Gœthe avaient réellement fait connaissance entre eux et s'étaient appréciés à leur juste valeur. Leur amitié fut désormais à l'épreuve de toute atteinte, et dura sans nuage jusqu'à la mort de Schiller. Ils commencèrent par collaborer ensemble aux *Heures*, pour lesquelles Gœthe écrivit un certain nombre de charmantes nouvelles, des élégies, et la biographie de Benvenuto Cellini. Les *Xénies* furent leur œuvre commune de l'année 1796. En 1797, ils travaillèrent ensemble à leurs admirables ballades, et Gœthe composa la *Fiancée de Corinthe*, le *Dieu et la Bayadère*, ainsi qu'*Hermann et Dorothée*.

Après un second voyage en Suisse, Gœthe consacra une revue spéciale, les *Propylées*, à la discussion des questions

---

1. Il eut de cette union plusieurs enfants : aucun d'eux ne vécut, sauf l'aîné, Auguste Gœthe, qui mourut avant son père, en 1830.

2. L'entrevue de Napoléon et de Gœthe a été racontée dans tous ses détails par Eckermann. Le conquérant prit plaisir à prolonger son entretien avec le poëte, dont les réponses le frappèrent vivement.

artistiques qui le préoccupaient plus vivement que jamais. Malheureusement cette revue, comme les *Heures*, ne put résister longtemps à l'incroyable indifférence du public; elle ne dura que trois ans (1798-1800). Mais Gœthe ne renonça pas pour cela à s'occuper d'esthétique, et il publia en 1805, en collaboration avec Meyer et Wolf, une œuvre remarquable entre toutes, bien que l'auteur y manifeste avec exagération son amour pour l'art grec : nous voulons parler de *Winkelmann et son siècle*. D'autre part, il s'occupait encore d'histoire naturelle, écrivait son *Histoire de la théorie des couleurs*, et se proposait de faire un grand poème sur la nature. Mais son activité poétique se porte de préférence sur le drame : il étudie de nouveau le théâtre français, et entreprend de refaire le *Mahomet* et le *Tancrède* de Voltaire ; il travaille avec ardeur à la continuation de *Faust*, et commence une trilogie intitulée *Eugénie*, dans laquelle il se proposait de représenter les grands événements contemporains qui avaient frappé son imagination ; mais la première partie seule de ce drame parut en 1830. Les circonstances politiques, et aussi l'accueil assez tiède que le public fit à ce drame, empêchèrent qu'il ne fût continué et achevé.

L'année 1805 brisa, par la mort prématurée de Schiller, les liens d'une amitié qui avait exercé la plus heureuse influence sur le génie de Gœthe. Son jeune ami lui avait communiqué quelque chose de sa candeur et de son enthousiasme poétique, de même que Gœthe, par sa haute raison et son goût parfait, avait calmé les effervescences et épuré les sentiments de Schiller. La seconde partie de la longue existence de Gœthe fut attristée par cette perte, et son activité littéraire en fut même ralentie. Le grand poète eut encore un ami, un ami véritable et dévoué, Zelter, de Berlin; mais Zelter était musicien, et cette liaison n'exerça aucune influence appréciable sur les idées et les œuvres de Gœthe.

Une affection presque paternelle pour la célèbre Bettina

Brentano, devenue depuis M⁽ᵐᵉ⁾ d'Arnim, nous a valu la *Correspondance de Gœthe avec une enfant*, et son admiration mêlée de tendresse pour Minna Herzlieb, à Iéna, lui inspira d'excellents sonnets dans les années 1807 et 1808. Cette même période vit paraître son drame de *Pandore* et son roman des *Affinités électives*. Ces deux œuvres étaient l'expression d'un état particulier de l'âme du poëte : la première ne fut pas achevée ; la seconde, où l'auteur montre le sentiment et la passion aux prises avec les difficultés que leur suscitent les convenances sociales, pouvait présenter les mêmes dangers et les mêmes erreurs d'interprétation que *Werther ;* mais l'auteur a réussi à écarter de son ouvrage tout ce qui pouvait en dénaturer la signification. Quant au style, il y est d'une perfection que la prose allemande n'avait jamais atteinte jusque-là. Il en est de même des mémoires que Gœthe écrivit de 1811 à 1813, et qui, sous le titre de : *Souvenirs de ma vie, poésie et vérité*, nous retracent avec une admirable fraîcheur de coloris l'histoire de la jeunesse du poëte et le tableau de la société au milieu de laquelle il avait grandi.

La guerre de l'indépendance le laissa, comme on l'a déjà vu, assez froid, et la défaite de Napoléon ne lui inspira aucune œuvre marquante. Son *Divan oriental de l'Occident*, recueil de poésies, où l'auteur a fait preuve d'une imagination aussi féconde que brillante[1], fut la seule production vraiment littéraire de cette période. On peut y ajouter, si l'on veut, ses *Voyages du Rhin* (1814 et 1815), et une nouvelle revue qu'il fonda sous le titre de : *Art et Antiquité.*

Il avait soixante-dix ans passés lorsque, séjournant aux eaux de Marienbad, en Bohême[2], après une cruelle ma-

1. Il en donna une nouvelle édition en 1819, avec des notes et des dissertations intéressantes sur l'Orient.

2. Dans les premières années de son séjour à Weimar, Gœthe fréquentait habituellement les eaux de Carlsbad ; mais cette station lui parut trop bruyante dans la suite.

ladie qui avait failli l'emporter, il fut une dernière fois
tenté d'ouvrir son cœur à l'amour : la charmante et vertueuse personne qui fut l'objet de cette affection du vieillard, lui inspira ses dernières poésies lyriques et même sa
dernière œuvre poétique : la *Trilogie de la passion.* Depuis lors il vit dans une retraite presque absolue, dont il
ne sort qu'un instant, en 1825, pour assister aux fêtes
du cinquantième anniversaire de l'avénement de son prince
et ami, le duc Charles-Auguste. Sauf cette occasion, où il
regarda comme un devoir de reconnaissance de ne pas se
soustraire aux manifestations de sympathie qui s'adres-
saient à lui autant qu'au duc et à la duchesse, Gœthe
évita, dans les dernières années de sa vie, toutes les so-
ciétés ou les distractions qui pouvaient l'arracher à son
recueillement. Il profita de cette solitude pour revoir et
publier ses œuvres complètes, pour écrire la deuxième partie de *Faust*, et pour mettre la dernière main aux *Années
de voyage de Wilhelm Meister.*

Ce dernier ouvrage n'offre pas la même unité, la même
perfection extérieure que les *Années d'apprentissage;*
mais il a peut-être plus d'élévation, et un plus grand
nombre d'idées y sont traitées ou indiquées. Le *Faust*,
lui, s'élève encore plus haut : c'est qu'il accompagne
l'auteur pour ainsi dire jusqu'à la tombe [1].

Ses amis, son protecteur Charles-Auguste et la duchesse
Louise, son propre fils, avaient quitté la vie, et Gœthe restait
seul, comme un débris d'un autre âge, mais debout encore
et sain de corps comme d'esprit, malgré ses quatre-vingts
ans passés : ce fut un vulgaire accident, un refroidissement
négligé, qui l'emporta rapidement au mois de mars 1832.
Ses derniers instants n'eurent pas toute la solennité qu'on
leur prête d'habitude : il avait perdu toute conscience quelques heures avant sa mort; les seules paroles que l'on

1. La deuxième partie de *Faust* ne parut en effet qu'en 1831,
un an avant la mort de Gœthe.

put recueillir encore furent celles qu'il adressa à son domestique : « Ouvrez le volet, pour que j'aie plus de lumière. » Ce *plus de lumière* a servi de thème aux biographes, qui ont voulu faire de ce mot une sorte de dernière
profession de foi poétique et philosophique. On voit que le
mot n'a rien que de très-naturel et de très-ordinaire.

C'est le 26 mars qu'eurent lieu les funérailles du grand
poëte : ses restes furent déposés à côté de ceux de Schiller et de Charles-Auguste, dans le caveau ducal de Weimar.

Le jugement le plus remarquable, le plus complet et
aussi le plus court qui ait été porté sur Goethe, se trouve
dans ces simples mots de Napoléon, qui dit de lui, après
l'avoir vu à Erfurt : « Voilà un homme! » Goethe a été
un homme dans toute l'acception de ce mot ; un homme
doué de toutes les forces de l'humanité, sans avoir aucune
de ses faiblesses. Son âme, comme son corps, était admi-
rablement trempée, d'une égalité sereine qui l'a fait comparer au Jupiter olympien des Grecs, et pour laquelle on
l'a même accusé parfois d'égoisme et d'insensibilité [1]. Il
réunissait en lui la force d'âme de sa mère et le calme
méthodique de son père, qui était le type du véritable
bourgeois de Francfort [2]. Il n'eut guère qu'une passion dans
sa vie : ce fut son amitié pour le duc Charles-Auguste, et
encore fit-il preuve d'une impassibilité stoïque lorsqu'il
apprit sa mort.

1. Parmi ses amis, plus d'un l'a accusé à certains moments :
Herder, Jacobi, Merck, et même le bon Wieland se sont plaints
quelquefois de son indifférence. Schiller seul, qui pourtant,
dans ses rapports avec Goethe, a plus donné que reçu, ne se
plaignit jamais de son illustre ami et vécut avec lui dans la
plus inaltérable union.

2. On peut voir dans le VIII⁰ chant de *Hermann et Dorothée*
le portrait du père et de la mère de Goethe, tracé par le jeune
Hermann.

Ses qualités ont été appréciées avec autant de finesse que d'enthousiasme par un des coryphées de la Jeune Allemagne, qui ne se montra pas toujours indulgent pour Gœthe. Henri Heine, en effet, qui dans la première partie de sa carrière avait quelquefois et assez vivement attaqué le grand poète, et qui disait de lui, en 1822 : « Ne parlons plus de Gœthe, il est mort, » Heine, sur la fin de sa vie, portait sur le grand homme un remarquable jugement qui mérite d'être cité presque en entier :

« On trouvait en lui, dit-il, la réunion de la personnalité avec le génie, comme on la veut trouver chez les hommes extraordinaires. Son extérieur était aussi imposant que la parole qui vivait dans ses écrits; son apparence était harmonieuse, nette, agréable, noblement conçue, et l'on pouvait étudier sur lui l'art grec, comme sur une statue antique. Ce corps, plein de dignité, n'était jamais courbé par une rampante humilité; son regard était calme comme celui d'un dieu... On veut avoir remarqué un trait glacé d'égoïsme à sa bouche; mais ce trait est propre encore aux divinités grecques, surtout à Jupiter. Lorsque je le visitai à Weimar, tandis que je me trouvais en face de lui, je regardais furtivement de côté pour voir si l'aigle, avec la foudre au bec, n'était pas près de lui. J'étais sur le point de lui parler grec[1].... »

Moins heureux que Schiller, Gœthe eut le temps de voir décliner sa gloire et d'entendre discuter ses titres. Déifié presque par ses admirateurs, il fut vivement attaqué, de son vivant même, par une certaine école. Les romantiques, après s'être ralliés à lui et l'avoir proclamé leur modèle, avaient fini par vouloir le rabaisser et renier son influence. Immermann attaquait son prétendu paganisme; Grabbe se déchaînait contre le *Faust*, dont l'école romantique s'était pourtant inspirée plus que de tout le reste; Jean-Paul-Frédéric Richter parlait de « ses mélodies desséchées à la

---

1. H. Heine, *De l'Allemagne.*

grecque; » Novalis, le candide et intéressant jeune apôtre
du romantisme, s'élevait contre le *Wilhelm Meister*, que
ses confrères imitaient si volontiers, et l'appelait « l'évan-
gile de l'économie moderne, » auquel il reprochait une
sorte *d'athéisme artistique*. Et pourtant c'est ce *Wilhelm
Meister* qui servait de modèle à Novalis lui-même pour son
Henri d'Ofterdingen, comme plus tard à Richter pour son
Titan, et à Immermann pour ses *Épigones*.

En France, Gœthe a été généralement mieux compris
et plus admiré que Schiller : cela tient à l'universalité de
son génie et à la couleur vraiment classique et grecque de
son esprit comme de son style. L'Europe, ou pour mieux
dire, le monde entier, a depuis longtemps consacré sa
gloire, et ses œuvres, traduites dans toutes les langues
cultivées, seront toujours la lecture favorite de tous ceux
qui aiment, chez les littérateurs, la force de la pensée unie
à la noblesse du sentiment et à la chaleur de l'imagination. Nous ne saurions mieux résumer le jugement porté sur
Gœthe par les critiques les plus compétents qu'en citant
ces quelques lignes d'un ouvrage récemment publié en
France et dont la haute valeur justifie le succès :

« Quand on a énuméré les romans, les drames, les poésies, récapitulé tous ces titres de gloire littéraire dont un
seul suffirait à rendre un nom immortel ; quand on a ajouté
que l'admirable écrivain aurait pu sans doute devenir un
artiste distingué et a été l'un des connaisseurs les plus in-
telligents de son siècle, il reste encore à étudier le critique fin et délicat, le savant, l'administrateur, l'homme
d'État. Gœthe vieillissant étend toujours le cercle de son
inépuisable activité ; il semble que toutes les sciences de-
viennent les tributaires de cette vaste intelligence [1]. »

—

1. Heinrich, *Histoire de la littérature allemande.*

ANALYSE

D'HERMANN ET DOROTHÉE.

A la suite de troubles survenus dans la principauté ecclésiastique de Salzbourg, les sujets luthériens de l'arche-
vêque avaient été forcés de s'expatrier. Parmi les épisodes
de cette émigration, racontés par l'historien Gœcking, se
trouve une anecdote simple et naïve dont la lecture toucha
profondément Gœthe et lui inspira la première idée de son
poëme d'*Hermann et Dorothée*. « Un riche meunier d'Altmühl, rapporte l'historien, avait un fils unique qu'il avait
souvent, mais toujours en vain, engagé à se marier. Lorsque les émigrés de Salzbourg traversèrent la petite ville
d'Altmühl, le fils du meunier vit dans leur foule une
jeune fille qui, au premier coup d'œil, subjugua son cœur
et lui parut destinée à devenir sa compagne. Il s'informa
de sa famille et de ses antécédents, et ne reçut que des
renseignements très-favorables à la jeune fille. Mais le meunier ne voulut pas entendre parler de cette union, chercha
par tous les moyens à en dissuader son fils, et finit par
convoquer ses meilleurs amis et le pasteur de l'endroit,
pour vaincre son obstination. On n'y réussit pas, et le pasteur crut alors que la Providence elle-même voulait ce mariage. C'est ainsi que le consentement du père fut obtenu.
Le fils alla chercher la Salzbourgeoise, en lui faisant croire
que son père voulait la prendre comme servante ; elle se
rendit à la maison du meunier, qui, après l'avoir interro-
gée sur diverses choses, lui demanda si elle voulait épouser son fils. La jeune fille crut d'abord qu'on se moquait
d'elle ; mais elle finit par se rendre à la réalité, devant les
affirmations sérieuses du père et du fils, et accepta avec
joie la proposition qui lui était faite. Quand le jeune

homme lui fit son cadeau de fiançailles, elle ne voulut pas
être en reste avec lui, et tira de sa robe une bourse qui
contenait deux cents ducats[1]. »

Tel est le cadre dans lequel Gœthe a fait entrer tout
un poëme, chef-d'œuvre de grâce idyllique en même temps
que de noblesse vraiment épique. Le lieu de la scène et
les personnages ont été changés, et l'action rapprochée
de l'époque où vivait le poëte ; mais le fond même de cette
naïve histoire a été scrupuleusement reproduit. Seul, le
personnage si touchant de la mère est de l'invention de
Gœthe.

C'est vers la fin de 1796 que le poëte se mit à l'œuvre :
il écrivit avec une facilité merveilleuse, dans l'espace de
quelques semaines, la moitié de son poëme qui devait,
primitivement, n'avoir que six chants. Au cours de la
composition, Gœthe s'aperçut de l'importance que prenait
peu à peu ce qui n'était primitivement qu'une idylle : il se
mit résolûment au travail pour retoucher et compléter sa
première composition, et, dans les premiers mois de 1797,
il put communiquer à ses amis et livrer à l'impression les
neuf chants dont se compose le poëme, et qui portent chacun le nom d'une muse.

Schiller considérait *Hermann et Dorothée* comme le
chef-d'œuvre de Gœthe, et même de la poésie moderne.
On peut souscrire sans difficultés à la première partie de
ce jugement : jamais le grand poëte n'a été mieux inspiré
par le sujet, comme il le reconnaît lui-même ; mais jamais
non plus il n'a traité un sujet avec plus de sagesse artistique, de goût parfait et de profonde connaissance. Les
scènes les plus grandioses sont indiquées ou tracées à
grands traits, comme la révolution française et ses consé-
quences ; et, à côté de ces tableaux, l'œil a, pour se reposer, les scènes les plus gracieuses et les plus naïves.

1. Gœcking, cité par Gœdcke, dans son étude sur *Hermann
et Dorothée*.

Dans plusieurs parties du poëme se trouvent, sous forme de simples conversations, des observations psychologiques ou historiques qui dénotent une étude approfondie du cœur humain. En un mot tous les genres et tous les sujets sont représentés dans cette œuvre, et toujours avec une mesure et une discrétion qui en font peut-être le principal charme.

Ce qui ajoute encore au charme, c'est le rhythme particulièrement heureux que le poëte a adopté. L'hexamètre de Gœthe a une grâce et une légèreté qui ne se trouve dans aucun des poëmes analogues publiés avant ou depuis *Hermann et Dorothée*. On sent la main de l'artiste qui venait de passer deux ans en Italie, et qui s'était nourri de la contemplation de tous les chefs-d'œuvre de l'art ancien et moderne. A ce point de vue, comme à tous les autres, nous ne croyons pas exagérer en disant qu'*Hermann et Dorothée* est une œuvre éminemment grecque, digne d'un émule d'Homère et de Théocrite.

E. HALLBERG.

HERMANN ET DOROTHÉE

I. CALLIOPE.

Infortune et Compassion.

« Non, je n'ai jamais vu les rues et le marché si
déserts : on dirait que la ville est abandonnée, elle
est comme morte; il n'y reste point, je crois, cin-
quante de tous ses habitants. Que ne fait pas la curiosité! chacun va, court pour voir le triste spectacle
de ces malheureux fugitifs. D'ici à la chaussée, où ils
doivent passer, il y a bien une petite heure de
chemin, et l'on y court à midi, au travers de la brû-
lante poussière! Je ne me remuerais pas de ma place
pour voir l'infortune de ce bon peuple, qui abandonne, hélas! avec ce qu'il a pu sauver, l'autre rive
si belle du Rhin, et, venant à nous, erre à travers le
recoin heureux et les sinuosités de notre fertile
vallée. Je te loue, ô ma femme! et c'est un trait de
ta bonté, d'avoir envoyé notre fils pour distribuer
à ces pauvres gens notre vieux linge, des aliments
et des boissons : car donner est l'affaire du riche.
Que ce jeune homme mène bien! comme il dompte
nos chevaux fringants! La petite voiture, nouvellement faite, figure fort joliment; quatre personnes,
sans compter le cocher sur son banc, y seraient
commodément assises. Cette fois notre enfant la
conduisait : qu'elle roulait légèrement en tournant

la rue! » Ainsi, se reposant à l'entrée de sa
maison près du marché, et s'abandonnant au fil de
ses idées, parlait à sa femme l'hôte du *Lion d'Or*.

« Mon ami, lui répond l'intelligente et sage ménagère, je ne prodigue pas ordinairement le linge que
nous cessons de porter : il peut souvent être utile,
et dans le besoin on le rachèterait; mais aujourd'hui
qu'on me parlait d'enfants et de vieillards réduits à
la nudité, j'ai donné de si bon cœur un grand nombre
de nos meilleures chemises et couvertures! Me le
pardonneras-tu? J'ai mis aussi ton armoire à contri-
bution : particulièrement la robe de chambre du
plus fin coton, cette indienne à fleurs, doublée d'une
laine fine, je l'ai donnée; elle est vieille, usée, et
tout à fait hors de mode. »

L'hôtel vigilant sourit. « Je regrette cependant un
peu, dit-il, cette vieille robe de chambre, cette indienne du plus fin coton : on ne trouvera plus rien
de pareil. Soit, je ne la portais plus. Il faut sans
doute ne se présenter maintenant qu'en surtout et
en bottes; les pantoufles et le bonnet sont bannis. »

« Ah! de ce côté, interrompit-elle, reviennent déjà
quelques-uns de ceux qui sont allés voir les fugitifs;
probablement tout est passé. Comme leurs souliers
sont blancs de poussière! comme leurs visages sont
enflammés! chacun, y portant le mouchoir, en essuie
la sueur. Je ne voudrais certainement pas courir si
loin, dans l'ardeur du jour, pour assister à un spectacle qui attristerait mon cœur; je me contenterai
bien du récit. »

« Qu'il est rare, dit l'hôte avec l'accent de l'assurance, qu'un si beau temps arrive pour une telle ré-

1.

colte! Nous mettrons le blé à couvert dans la grange, comme nous y avons déjà mis le foin, sans avoir une goutte de pluie : le ciel est serein ; pas le plus léger nuage ; et le souffle du vent de l'est répand une agréable fraîcheur. Voilà un temps constant, et le blé est au plus haut point de sa maturité ; demain nous commençons à joncher la terre de la plus riche moisson. »

Pendant qu'il parlait, s'augmentait à chaque instant la foule des hommes et des femmes qui traversaient le marché et rentraient dans leurs demeures. A l'autre coin du marché, le riche voisin, marchand le plus distingué du lieu, mené avec ses filles dans sa voiture ouverte (elle avait été faite à Landau), arrivait rapidement devant sa maison, qu'il avait nouvellement réparée. Les rues devinrent vivantes : car la petite ville était peuplée, et l'on s'y appliquait à divers genres de fabriques et de commerce.

Le couple intime suivait de l'œil les mouvements de la foule et s'amusait par différentes observations. « Vois, dit enfin l'estimable hôtesse, le pasteur vient à nous de ce côté ; le pharmacien, notre voisin, l'accompagne : il faudra qu'ils nous racontent tout ce qu'ils ont vu, et dont le spectacle n'inspire pas la joie.

Ils s'approchent amicalement, saluent les époux, et, s'asseyant près d'eux sur les bancs de bois, ils secouaient la poussière de leurs souliers et s'éventaient de leurs mouchoirs. Après les compliments réciproques, le pharmacien, prenant la parole, dit, peu s'en faut, avec humeur : « Voilà bien les hommes !

qu'il arrive un malheur à leur prochain, tous se
plaisent à l'aller considérer la bouche béante. Chacun accourt pour voir les flammes désastreuses d'un
incendie s'élever dans les airs, pour voir le pauvre
criminel marchant tristement au supplice : maintenant encore chacun se promène hors de la ville pour
contempler le malheur de ces bonnes gens chassés
de leurs foyers ; et aucun d'eux ne songe qu'une infortune pareille peut l'atteindre bientôt peut-être.
Cette légèreté, selon moi, est impardonnable ; toutefois elle est dans le caractère de l'homme. »

Rempli de sens, le vénérable pasteur prend la
parole. Il était l'ornement de la ville ; jeune encore,
il approchait de l'âge mûr. Il connaissait les scènes
variées qui forment la vie humaine et dirigeait son
entretien vers l'utilité de ses auditeurs ; pénétré de
l'importance des Livres sacrés qui nous dévoilent la
condition de l'homme et le but de la Providence, il
avait aussi puisé des lumières dans les écrits de
ceux qui ont consacré leurs veilles à éclairer leur
siècle. « Je n'aime point, dit-il à blâmer un penchant
que la nature, cette bonne mère, ne donna pas à
l'homme pour l'égarer : car souvent ce penchant
heureux qui le guide, et qui est irrésistible, produit
ce que l'intelligence et la raison ne sauraient toujours opérer. Si la curiosité n'invitait pas l'homme
par ses puissants attraits, dites, eût-il jamais connu
l'étonnante beauté des rapports qui, dans la nature,
unissent tous les êtres? D'abord la nouveauté l'at-
tire ; il recherche ensuite l'utile avec une ardeur
infatigable ; enfin il aspire à ce qui est bon par excellence, et c'est là ce qui l'élève et lui donne son vé-

ritable prix. Jeune, il a une joyeuse compagne, la
légèreté, qui lui cache le péril, et qui efface à l'instant même les vestiges de la peine cuisante, quand
elle est passée. Prisons l'homme que, dans un âge
plus mûr, le calme de la raison délivre de cette folle
ivresse, et dont l'activité se déploie avec succès dans
le bonheur et dans l'infortune; ses efforts créent ce
qui est bon et réparent ses pertes. »

L'impatiente hôtesse dit aussitôt avec un air amical : « Veuillez nous raconter ce que vous venez de
voir : car c'est là ce que je désire apprendre. »

« Après ce dont j'ai été le témoin, repartit le pharmacien d'un ton expressif, il sera bien difficile que
je me livre de sitôt à la joie. Et qui pourrait raconter la plus grande variété d'infortunes réunies en une
seule? Déjà, avant d'être descendus dans la prairie,
nous avons aperçu de loin un nuage de poussière, et,
sans que nous ayons pu discerner les objets, la multitude qui se portait de coteaux en coteaux à perte
de vue; mais, après avoir gagné le chemin qui traverse obliquement la vallée, hélas! malgré la presse
et la confusion des piétons et des chariots, nous
n'avons vu que trop encore de ces malheureux à leur
passage. L'aspect de chacun d'eux nous a fait connaître à la fois combien la fuite a de peines et
d'amertumes, et quel doux sentiment on éprouve
d'avoir saisi l'unique et rapide instant de sauver sa
vie. Les effets nombreux qu'une maison peut mettre
à couvert, et auxquels le judicieux économe assigne
autour de lui la place la plus convenable, pour les
trouver toujours au besoin, parce qu'il n'y a rien
qui ne puisse être utile; tout cela, triste spectacle!

était chargé pêle-mêle sur différentes voitures et
charrettes et cordelé avec précipitation ; le crible et
la couverture de laine étaient sur l'armoire, les bois
de lit dans la huche, les matelas sur le miroir. Et
comme nous le vîmes, il y a vingt ans, dans le terrible incendie, le péril trouble si fort la raison, qu'on
sauve les meubles les plus vils, et qu'on laisse les
plus précieux. De même ici, fatiguant les bœufs et
les chevaux, on voiturait avec une prévoyance peu
réfléchie des effets d'une mince valeur, tels que de
vieilles planches, de vieux tonneaux, la poussinière
et le toit aux oies ; de même les femmes et les enfants s'essoufflaient à se traîner avec des paquets, à
porter des hottes et des corbeilles chargées de
choses inutiles : tant l'homme abandonne à regret
la moindre de ses possessions ! et de même encore
la multitude, se foulant en désordre et en tumulte,
s'avançait dans le chemin poudreux. L'un, mené par
des animaux faibles, voulait aller lentement ; l'autre
voulait courir. Là s'élevaient confusément les cla-
meurs des femmes et des enfants froissés, les mu-
gissements des animaux, le vacarme de chiens
aboyants, et les voix lamentables des vieillards, des
malades, assis sur des lits et vacillants au haut d'un
chariot lourd et surchargé. Mais, au bord d'un
monticule, la roue pressée par la foule s'égare de
l'ornière et crie ; le chariot verse, se précipite dans
le fossé, et, par la violente impulsion, les hommes,
jetant des cris effroyables, sont lancés au loin dans
les champs ; la chute est cependant heureuse : les
caisses tombent plus tard et à une moindre distance
du chariot ; le témoin de ce désastre s'attendait

certainement à voir le spectacle de ces hommes
écrasés d'un poids énorme. Le chariot reste là brisé,
et les hommes dénués de secours : car les autres
passent devant eux avec rapidité, ne s'occupant que
de leur propre sort, et entraînés par le torrent de
la foule. Nous courons aux premiers ; et ces malades
et ces vieillards qui, dans leurs domiciles et sur leurs
lits, pouvaient à peine supporter leurs longues souffrances, nous les trouvons étendus à terre, couverts
de blessures, poussant des gémissements et des
plaintes, brûlés des feux du soleil, étouffés par les
flots de la poussière. »

Plein d'humanité et vivement ému : « Puisse donc
mon fils Hermann, dit l'hôte, les rencontrer, les ra-
nimer et les vêtir ! Je ne voudrais pas moi-même
être témoin de leur sort : je souffre à l'apect de l'infortune. Le premier récit de si grandes peines me
touche ; il aurait suffi pour m'engager à leur envoyer
promptement une partie de notre abondance, afin
qu'au moins plusieurs de ces fugitifs malheureux re-
prissent des forces, et nous soulageassent nous-mêmes
en paraissant plus calmes.

« Mais ne continuons pas à nous livrer à ces
tristes images : la crainte et le souci, qui me sont
plus odieux que le mal même, se glissent aisément
dans le cœur de l'homme. Entrons dans ce salon
reculé, qui est plus frais, où ne pénètre pas le soleil, et dont les murs épais ne permettent pas l'entrée à la chaleur de l'air. Et toi, ma petite femme,
apporte-nous un flacon de quatre-vingt-trois pour
dissiper la mélancolie. Ici nous ne boirions pas avec
plaisir : les mouches bourdonneraient autour de nos

verres. » Ils se rendent dans le salon et jouissent
de sa fraîcheur.

Sa femme apporte avec soin sur un plateau d'é-
tain, arrondi et luisant, un flacon poli, rempli de ce
vin limpide et merveilleux, et les coupes verdâtres,
consacrées à la liqueur, présent des vignes du Rhin.
Les trois personnages étaient assis autour de la
table ronde, brunie, cirée, brillante, et reposant sur
des pieds solides. Aussitôt les verres de l'hôte et du
pasteur se rencontrent et rendent un son éclatant;
leur compagnon, tenant le sien, était immobile et
pensif, lorsque l'hôte lui adresse un défi amical par
ces paroles :

« Courage, mon cher voisin, buvons. Jusqu'ici
Dieu, par sa clémence, nous a préservés de ce grand
désastre, et il daignera nous en préserver encore :
car qui ne reconnaît que, dans l'horrible incendie,
ce châtiment si rigoureux qu'il nous fit subir, il
nous a constamment envoyé des sujets de joie; qu'il
a veillé sur nous constamment et avec autant de
soin que l'homme veille sur la prunelle précieuse
de son œil, qui de tous ses organes lui est le plus
cher? Nous refuserait-il à l'avenir sa protection et
son secours? C'est dans les périls seulement que
l'on commence à bien connaître toute sa puissance.
Cette ville florissante, qu'il a comblée de bénédictions, après l'avoir relevée de sa cendre par nos
mains, voudrait-il une seconde fois la détruire, et
anéantir tous nos travaux? »

« Persévérez dans ces sentiments, répond le digne
pasteur avec sérénité et d'une voix douce : cette
confiance donne à l'homme heureux de la tranquil-

lité et de la raison, offre à l'infortuné la consolation la plus solide et nourrit notre plus glorieuse espérance. »

L'hôte alors s'exprimant en homme ferme et judicieux : « Combien de fois, au retour d'un voyage entrepris pour mes affaires, ai-je avec étonnement salué les flots du Rhin! Toujours il me paraissait grand et m'inspirait des idées et des sentiments élevés; mais je ne songeais guère que bientôt sa rive agréable nous servirait de rempart contre les Français, et son large lit de fossé difficile à franchir. Voyez, c'est ainsi que la nature seconde nos braves Allemands qui nous défendent, et c'est ainsi que nous défend le Seigneur. Qui voudrait se livrer à un fol abattement? Les combattants sont fatigués, et tout annonce que la paix se prépare. Puisse donc aussi, lorsque cette fête si longtemps attendue sera solennisée dans notre église (alors, de concert avec l'orgue, retentiront les sons de la cloche et les sons perçants de la trompette, accompagnant le *Te Deum* élevé), puisse donc aussi, dans ce même jour, respectable pasteur, mon Hermann, enfin décidé, se présenter avec sa fiancée devant vous à l'autel! et puisse encore à l'avenir, le jour de cette fête heureuse, qui sera célébrée dans tous les pays, m'apparaître comme l'anniversaire d'une joie domestique! Mais je vois avec peine que ce jeune homme, si actif et si zélé sous nos yeux, est ailleurs indolent et sauvage; il ne se produit point dans le monde, et même il évite la société des jeunes personnes du sexe, et le plaisir joyeux de la danse, que toute la jeunesse recherche avec tant d'ardeur. »

1.

En achevant ces mots il prêtait l'oreille. On entendait s'approcher de plus en plus le bruit éloigné de chevaux frappant du pied la terre; on entendait le bruit d'une voiture roulante; et maintenant, dans sa rapidité prodigieuse, elle entre sous les voûtes de la maison avec le fracas du tonnerre.

II. TERPSICHORE.

Hermann.

Dès que le jeune Hermann, d'une figure parfaite, paraît dans le salon, le pasteur dirige vers lui ses regards pénétrants ; et, considérant ses traits et tout son maintien de l'œil d'un observateur qui lit dans la physionomie, il sourit, et lui dit avec confiance : « Je vous revois tout différent de ce que vous étiez ; jamais vous ne m'avez paru si vif, ni vos yeux n'ont été si animés ; vous êtes serein, content : on voit que vous avez soulagé des malheureux et recueilli leurs bénédictions. »

« Si ma conduite est louable, je l'ignore, répondit le jeune homme d'un ton sérieux ; mais je vous raconterai tout ce que j'ai fait par les mouvements de mon cœur. Ma mère, vous vous êtes un peu trop arrêtée à chercher et à choisir des vêtements ; le paquet n'en a été formé que tard, et le soin de placer dans le caisson de la voiture les aliments et les boissons a consumé bien des moments. Lorsque, enfin, sorti de la ville je me suis avancé dans la campagne, j'ai rencontré les flots de nos concitoyens déjà retournant, avec leurs femmes et leurs enfants, à leurs demeures : les fugitifs avaient passé. Je redouble la rapidité de ma course, et, la dirigeant vers le village où j'avais appris qu'ils devaient cette nuit prendre du repos, je suivais cette route, occupé de mon dessein, lorsque j'aperçois un chariot traîné par deux bœufs les plus grands et les plus vigou-

reux des pays étrangers ; à côté d'eux marchait d'un
pas fort une jeune fille, qui, d'une longue baguette,
gouvernait ces animaux terribles, les excitait et les
réprimait tour à tour, menant le chariot avec précaution. Dès qu'elle me voit, elle s'approche de mes
chevaux avec calme. Notre situation, dit-elle, n'a
pas toujours été aussi déplorable que vous l'aperce-
vez sur cette route, et je ne suis pas accoutumée à
solliciter de l'étranger un don, accordé souvent à regret et pour se délivrer du malheureux ; mais la nécessité m'y contraint. Là est étendue sur la paille
la femme d'un homme opulent ; elle vient d'être délivrée ; elle était près de son terme quand je l'ai placée sur ce chariot ; à peine ai-je pu la sauver avec
le secours de cet attelage ; nous arrivons plus tard
que les autres fugitifs ; elle n'a plus qu'un souffle de
vie, l'enfant nouveau-né est nu dans ses bras. Nous
ne pouvons attendre de nos compagnons d'infortune
qu'un faible soulagement ; il est même incertain que
nous les rencontrions au village le plus voisin, où
nous devons nous reposer ce jour : je crains bien
qu'ils ne l'aient passé. Si donc vous êtes de ce voisinage, et si par hasard vous avez quelque pièce de
linge dont vous puissiez aisément faire le sacrifice,
soyez assez bon pour en gratifier des malheureux.

« Telles étaient ses paroles ; et l'accouchée, pâle,
défaillante, se soulevant avec peine, me regardait
attentivement. Je ne doute pas, dis-je, qu'une intelligence céleste ne parle souvent au cœur des
hommes sensibles, et ne leur fasse connaître la peine
qu'éprouve leur frère : car ma mère, par un pressen-
timent de votre détresse, m'a remis de quoi vous se-

courir. Déliant aussitôt le paquet, je lui donne la
robe de chambre de mon père, les chemises et les
couvertures. Dans sa joie, elle me fait des remercîments et s'écrie : L'homme heureux ne croit pas
qu'il arrive encore des prodiges ; c'est dans le malheur qu'on apprend que le doigt de Dieu dirige les
bons vers le bien. Puissiez-vous recevoir de sa part
des secours dont vous êtes le distributeur ! Je voyais
l'accouchée passer entre ses mains avec satisfaction
les pièces de linge, et particulièrement la laine moel-
leuse de la robe de chambre. Hâtons-nous, lui dit
la jeune fille, d'aller au village où déjà nos compagnons jouissent du repos ; dès que nous y serons,
j'aurai soin de préparer les langes et tout ce qu'il
faudra pour vous soulager. Me faisant encore un salut et le remercîment le plus sensible, elle anime
les bœufs, le chariot part.

« Je tardais à m'éloigner et retenais mes chevaux.
Mon cœur était partagé entre le dessein de les
pousser rapidement au village, pour distribuer les
aliments à d'autres infortunés, et celui de remettre
le tout à la jeune personne pour qu'elle en fît une
sage distribution; mon cœur fut bientôt décidé.
Conduisant mes chevaux sur ses pas, et l'ayant atteinte en un moment : Bonne fille, dis-je, ma mère
ne m'a pas seulement remis du linge, mais encore
des aliments et des boissons, et le caisson de ma
voiture en est assez abondamment pourvu. Je suis
porté à déposer aussi ces dons entre tes mains, et
crois par là remplir au mieux ses ordres : tu les
distribueras avec discernement; j'agirais au hasard.
Je ferai de vos dons, dit-elle, un juste emploi; les

plus malheureux les recevront, et vous aurez épanoui leurs cœurs. Ouvrant aussitôt le caisson de la voiture, j'en tire les lourds jambons, les pains, les flacons de vin et de bière, et remets le tout en ses mains : je lui aurais volontiers donné plus encore, mais le caisson était vide. Elle place avec soin tous ces dons aux pieds de l'accouchée et s'éloigne ; je fais prendre à mes chevaux rapides le chemin de la ville. »

Dès qu'Hermann se tait, le voisin, toujours prêt à discourir, s'écrie : « O combien est heureux celui qui, dans ces jours de fuite et de trouble, vit isolé dans sa maison, et ne voit pas une femme et des enfants, collés à lui, trembler dans ses bras ! Je sens à présent tout mon bonheur ; je ne voudrais pas en ce temps-ci, pour tous les trésors, porter le nom d'époux ni de père. Déjà souvent j'ai voulu fuir ; j'ai rassemblé mes plus précieux effets, mon ancienne vaisselle d'argent, les chaînes et les anneaux d'or de feu ma mère, que je n'ai pas vendus encore. Il me faudra sans doute abandonner bien des objets qu'il n'est pas si aisé de remplacer : je regretterai, quoique la marchandise ne soit pas d'un grand prix, les racines et les simples que j'ai recueillis avec tant de soin ; mais, laissant mon pourvoyeur dans ma maison, je me consolerai d'en sortir. Si je sauve mon argent comptant et ma personne, tout est sauvé : un célibataire a des ailes s'il veut prendre la fuite. »

« Mon voisin, reprit le jeune Hermann avec énergie, je suis fort éloigné de penser comme vous, et je blâme votre opinion. Peut-on estimer un homme qui, dans le bonheur et dans l'infortune, uniquement

occupé de soi, ne sait partager avec personne ni ses
peines ni ses plaisirs, ne trouve en son cœur aucun
sentiment qui l'y porte? Aujourd'hui plus que jamais
je me déciderais à prendre une compagne : car un
grand nombre de bonnes filles peuvent souhaiter
d'avoir un mari qui les protège, et les hommes une
femme qui les rassérène, lorsque le malheur est en
leur présence. »

« Voilà parler selon mes désirs, dit son père en
souriant ; tu m'as rarement fait entendre un mot si
judicieux. »

« Mon fils, tu as raison, dit la bonne mère avec
vivacité, et nous t'avons donné l'exemple : loin de
nous choisir en des jours heureux, ce fut dans le
jour le plus sinistre. Je me rappelle que c'était, il
y a vingt ans, un lundi au matin : la veille, un
dimanche comme aujourd'hui, arriva le terrible incendie qui consuma notre cité. La chaleur et la
sécheresse étaient extrêmes, l'eau nous manqua ;
tout le monde se promenait en habits de fête, dis-
persé dans les villages et dans les moulins ; l'incendie
commença à l'une des extrémités de la ville, et, par
le courant d'un vent impétueux qu'il fit naître, fut
porté rapidement vers l'autre extrémité. Les granges
et la riche moisson, les maisons jusqu'au marché,
celle de mon père, celle-ci qui en était voisine, tout
fut la proie des flammes : nous ne sauvâmes que
peu d'effets. Veillant sur ces débris, je passai une
triste nuit, assise hors de la ville dans un champ.
Cependant le sommeil s'empare enfin de moi. Ré-
veillée au matin par la fraîcheur qu'envoie le soleil
levant, je vois la fumée, les charbons embrasés :

tout était détruit ; il ne restait que les murailles et
les cheminées. Alors mon cœur est serré ; mais le
soleil, plus éclatant que jamais, reparaît et répand
le courage dans mon âme. Je me lève aussitôt. Je
sens naître en moi le désir de voir la place qu'occupa notre maison, de savoir si mes poulets favoris
s'étaient préservés de malheur : car mon caractère
tenait encore de l'enfance. Je montais sur les ruines
fumantes de la maison et de la cour et considérais cette
habitation déserte et réduite en cendres, lorsque,
montant d'un autre côté, toi, à présent mon époux,
tu parais à mes regards. Ton œil attentif parcourait
toute cette place pour découvrir un de tes chevaux
qui, dans l'écurie, avait été accablé par des poutres
brûlantes et couvert par les décombres. Nous res-
tons en présence l'un de l'autre, pensifs, saisis de
tristesse ; la muraille qui séparait nos cours était
abattue. Tu me prends la main et me dis : Lisette,
comment viens-tu ici ? Va-t'en, tu embrases tes
semelles ; les décombres ardents brûlent mes bottes.
Et, m'enlevant dans tes bras, tu me portes le long
des ruines à travers ta cour ; la porte de ta maison,
sa voûte, subsistaient encore, telles que nous les
voyons aujourd'hui, et c'est tout ce qui restait de ta
demeure. Tu me déposes et me donnes un baiser ;
je m'en défendais ; mais tu me dis ces paroles
tendres, assez intelligibles : Vois, cette maison est
détruite, reste ici ; aide-moi à la relever, j'aiderai
ton père à relever la sienne. Je ne compris pas
néanmoins le sens de ces paroles, jusqu'au moment
où ta mère vint trouver mon père de ta part et reçut
aussitôt la promesse de l'heureux mariage qui nous

unit. Je me ressouviens toujours avec plaisir de ces
poutres à demi consumées, et de l'éclat avec lequel
le soleil se levait sur l'horizon : car ce jour me
donna mon époux, et les premiers temps de cette
dévastation terrible, le fils de ma jeunesse. Je te loue
donc, Hermann, de penser aussi, dans nos jours
malheureux, avec la confiance d'une âme vertueuse,
à te procurer une compagne et d'oser former ce
nœud au milieu de la guerre et sur des ruines. »

« La pensée de notre enfant est louable, reprit le
père avec vivacité ; et ton récit, ma petite femme,
est conforme à la vérité : car c'est ainsi que tout se
passa ; mais le mieux est préférable au bien. Chacun
ne réussit pas en recommençant, pour ainsi dire, à
vivre ; chacun ne doit pas, comme nous et d'autres,
se tourmenter de travaux : heureux celui à qui son
père et sa mère ont transmis une maison tout établie,
et qui, en y prospérant, n'a plus qu'à l'embellir !
Les commencements, surtout ceux d'un ménage, sont
pénibles ; l'homme a des besoins nombreux, et tout
renchérit de jour en jour : il faut donc avoir de la
prévoyance et une bourse plus garnie.

« Ainsi, mon Hermann, je m'attends à te voir
bientôt conduire dans ma maison une épouse opu-
lente : un garçon estimable mérite une fille bien
dotée, et c'est une satisfaction si douce lorsque, avec
la jeune femme que l'on désirait, arrivent aussi, en
des caisses et des paniers, d'utiles effets. Ce n'est
pas en vain qu'une mère prépare pour sa fille, durant plusieurs années, tant de gros et de fin linge,
que les parrains lui font d'honorables présents en
argenterie, et que le père met pour elle en réserve

dans son bureau la pièce d'or qui est rare : elle doit
un jour, par ces biens et ces dons, ajouter au bonheur du jeune homme qui l'aura préférée à toutes
ses compagnes. Je sais combien se plaît dans son
domicile une nouvelle mariée qui revoit dans sa cui-
sine et dans ses appartements ses propres effets, et
qui a garni elle-même son lit et sa table. Je veux ne
voir entrer ici qu'une fiancée qui ait de l'opulence :
celle qui est dénuée de biens risque d'être enfin mé-
prisée du mari ; il traite en servante celle qui n'est
venue qu'avec un humble paquet. Les hommes seront toujours injustes : le temps de l'amour s'envole.
Oui, mon Hermann, tu comblerais ma vieillesse de
joie si tu me présentais bientôt une jeune bru, amenée du voisinage, de cette maison verte. L'homme a
beaucoup de fortune ; son commerce et ses fabriques
(car où le marchand ne prospère-t-il pas?) l'accrois-
sent chaque jour. Il n'y a là que trois filles, seules
héritières : l'aînée, je le sais, est promise ; mais les
cadettes, et pour peu de temps peut-être, sont encore
libres. A ta place, je n'aurais pas biaisé si longtemps
et j'aurais été prendre l'une d'entre elles, ainsi que
j'emportai ta petite mère. »

« Mon dessein, conforme au vôtre, répondit le fils
avec respect aux paroles pressantes de son père,
était de choisir une des filles de notre voisin. Nous
avons été élevés ensemble ; dans nos premières années nous nous réunîmes souvent pour nos jeux près
de la fontaine du marché, et je les défendais contre
la pétulance de mes camarades ; mais ces jours sont
passés il y a longtemps ; il convenait enfin à ces
filles qui grandissaient de rester à la maison et de

fuir des jeux trop libres. Elles ont reçu une bonne
éducation ; vos désirs, l'ancienneté de notre connaissance, m'ont engagé à me rendre chez elles de
temps en temps ; mais leur société ne m'a jamais
été agréable. Sans cesse, et cela il fallait bien l'en-
durer, elles trouvaient quelque chose à reprendre
en moi : mon habit était trop long, l'étoffe trop gros-
sière, la couleur trop commune, mes cheveux mal
coupés et mal frisés. Enfin la pensée me vint aussi
de me parer, comme ces garçons marchands qui se
produisent chez elles le dimanche, et qui, en été,
étalent leur petit habit de soie ; mais je m'aperçus
assez tôt que j'étais toujours l'objet de leurs raille-
ries : c'est à quoi je fus sensible ; ma fierté en fut
blessée ; et ce qui surtout me navrait le cœur, c'est
qu'elles méconnaissaient à ce point ma bonne volonté pour elles, et en particulier pour Minette, la
plus jeune. Ce sentiment me conduisit encore dans
cette maison à la dernière fête de Pâques ; j'avais
mis mon habit neuf, qui à présent est suspendu là-
haut dans mon armoire, et j'étais frisé comme nos
autres jeunes gens. A mon entrée, elles firent des
ricanements ; je ne crus point en être l'objet. Minette était à son clavecin ; son père écoutait chanter
sa jeune fille, il était ravi et dans sa belle humeur.
Les paroles de ces chansons me furent, en grande
partie, inintelligibles ; j'entendais seulement qu'il y
était souvent question de Pamina, de Tamino[1] ; je
ne voulais pas néanmoins demeurer muet. Dès qu'elle

---

1. Personnages d'un opéra comique allemand, *la Flûte
enchantée*, dont Mozart a composé la musique.

a cessé de chanter, je demande des éclaircissements
sur le sujet et sur ces deux personnages; tous se
taisent et sourient; mais le père dit : N'est-il pas
vrai, mon ami? il ne connaît qu'Adam et Ève. Alors
aucun d'eux ne se contient : les jeunes filles rient
aux éclats, les garçons éclatent aussi de rire; le
vieillard, riant de toute sa force, se tenait les côtes.
Décontenancé, je laissai tomber mon chapeau; et
les ricanements se renouvelèrent durant toutes les
pièces de musique qui furent exécutées. Honteux et
chagrin, je regagne en hâte notre demeure, sus-
pends mon habit dans mon armoire, déboucle mes
cheveux de mes doigts, et jure de ne plus remettre
le pied sur le seuil de cette maison. J'avais bien
raison de prendre ce parti : car elles sont vaines,
malignes, et je sais qu'à présent encore elles ne me
donnent pas d'autre nom que celui de Tamino. »

« Tu ne devrais pas, Hermann, dit la mère, être si
longtemps brouillé avec ces enfants, car on peut
les appeler ainsi toutes les trois. Minette certainement est bonne; elle a toujours eu du penchant
pour toi; il y a peu de jours qu'elle demanda encore
de tes nouvelles; tu devrais la choisir. »

« Je ne sais, répond-il d'un air rêveur; mais je
vous avoue que ce chagrin s'est tellement emparé
de mon esprit, qu'il me serait impossible de la voir
à son clavecin et d'écouter ses chansonnettes. »

Alors le père s'emporte, et son courroux éclate
en ces mots : « Tu me donnes peu de satisfaction.
Je l'ai toujours dit en voyant que tes seuls goûts sont
les chevaux et le labourage : tu exerces les fonctions du valet d'un riche propriétaire; ton père

cependant se voit délaissé par un fils qui pourrait
lui faire honneur et se distinguer, comme d'autres
de nos jeunes gens, parmi nos concitoyens. Ta mère,
dès tes premiers ans, m'a leurré de vaines espérances, lorsque je me plaignais de ce qu'à l'école
tu restais toujours en arrière de tes camarades pour
la lecture, pour l'écriture, pour l'exercice de la
mémoire, et de ce que tu occupais toujours la dernière place. Voilà ce qui arrive quand l'ambition ne
vit pas dans le cœur d'un jeune homme, quand il
n'a aucun désir de s'élever plus haut. Si mon père
avait soigné mon éducation comme j'ai soigné la
tienne, s'il m'avait envoyé à l'école et m'eût donné
des maîtres, certainement je serais un autre personnage que l'hôte du *Lion d'Or.* »

Son fils se lève, s'approche de la porte en silence,
à pas lents et sans bruit ; mais il est poursuivi par
ces paroles que prononce à haute voix son père,
dominé par le courroux : « Va, je connais ton esprit
mutin, va, et, en continuant à remplir tes fonctions,
fais en sorte de ne pas t'attirer mes réprimandes.
Mais ne pense point à conduire dans ma maison
pour ma bru une villageoise, une fille indigente.
J'ai vécu longtemps ; je sais me bien comporter
envers tout le monde, et reçois les étrangers dans
mon hôtellerie, de manière qu'ils partent satisfaits
de moi ; je sais leur plaire en les cajolant. Il faut
aussi qu'enfin je trouve dans une jeune bru un retour
d'égards, et qu'elle m'adoucisse tant de soins : j'ai
droit, comme d'autres, d'en avoir une qui touche
pour moi du clavecin ; de vouloir que les personnes
les plus aimables et les plus choisies de la ville se

rassemblent avec plaisir dans ma maison, ainsi qu'elles se rassemblent le dimanche dans celle de notre voisin. »

Après qu'il a dit ces paroles, son fils presse doucement le loquet et sort ainsi du salon.

III. THALIE.

Les bourgeois.

Le fils respectueux s'étant dérobé à la suite de ce discours mêlé d'emportement : « Ce qui n'est pas dans le cœur de l'homme, continue le père sur le même ton, ne saurait en sortir, et je ne puis guère espérer que mon vœu le plus ardent s'accomplisse : c'est que mon fils, non content de m'égaler, soit meilleur que moi. Car que serait une maison, une ville, si chacun, d'après l'exemple des temps passés et des autres pays, ne se faisait pas une étude agréable et continue de l'entretenir et de l'améliorer ? Un homme ne doit pas ressembler au champignon, qui, presque au sortir de la terre, pourrit à la place où il est né et ne laisse aucun vestige de force et de vie. Au premier aspect d'une maison, l'on connaît l'esprit du maître, comme en entrant dans une cité on juge de ses magistrats. Les tours et les murailles tombent-elles en ruines, les rues et les fossés sont-ils bourbeux, la pierre se déjointe-elle sans qu'on la replace, la poutre est-elle vermoulue, et la maison attend-elle en vain un nouvel étançonnement : ce lieu est mal gouverné. Lorsque les autorités supérieures ne veillent pas d'en haut sur l'ordre et la propreté, le citoyen s'habitue à la plus sale nonchalance, comme le mendiant à ses haillons. C'est pourquoi je veux qu'Hermann ne tarde pas à voyager, à voir au moins Strasbourg, Francfort, et la riante Manheim, bâtie au cordeau.

Quiconque a vu des villes propres et vastes n'a pas de repos qu'il n'ait embelli celle où il est né, quelque petite qu'elle soit. Chaque étranger ne loue-t-il pas nos portes, que nous avons réparées, la tour, que nous avons blanchie, l'église, qui semble être nouvellement construite? Ne loue-t-il pas notre pavé, nos canaux couverts, où l'eau coule abondamment, si bien distribués pour nos besoins et pour notre sûreté à la première apparence d'un incendie? tout cela n'a-t-il pas été fait depuis notre grand désastre? J'ai six fois, dans notre conseil, eu la place d'inspecteur des bâtiments; je puis dire qu'en poursuivant avec ardeur mes entreprises, en achevant des travaux commencés par des hommes probes, et restés imparfaits, j'ai obtenu, mérité l'approbation et les remerciments sensibles des bons citoyens. Chaque membre du conseil prit enfin de l'émulation, se fit un plaisir de ces soins; à présent tous s'évertuent, et déjà la nouvelle chaussée qui nous unit à la grande route est finie, et l'ouvrage est solide. Mais je crains bien que nos jeunes gens ne suivent pas ces exemples : les uns ne pensent qu'à la dissipation et à des parures passagères; les autres croupissent dans leurs maisons, se tiennent derrière leurs poêles, comme des poules qui couvent, et je crains qu'Hermann ne soit de cette classe. »

« Père, tu es toujours injuste envers notre fils, repartit aussitôt la bonne et sage mère; et par là le bien que tu désires s'accomplit le moins. Nous ne pouvons pas en tout élever nos enfants à notre volonté; tels que Dieu nous les donna, nous devons les garder et les chérir, en consacrant nos soins à leur

VI. CLIO.

L'époque.

Le pasteur interroge le juge sur les malheurs de ce peuple, et sur le temps qui s'est écoulé depuis qu'il a été banni de sa patrie. « Nos malheurs, répond l'étranger, ne sont pas récents; nous avons été abreuvés des amertumes de toute cette époque, amertumes plus horribles, puisque, avec tant d'autres infortunés, notre plus douce espérance a été trompée. Car qui pourrait nier qu'au premier rayon du nouveau soleil montant sur l'horizon, lorsqu'on entendit parler des droits communs à tous les hommes, de la liberté vivifiante et de l'égalité chérie, qui pourrait nier qu'il n'ait senti son cœur s'élever et frapper de mouvements plus vitaux son sein plus libre? Chacun alors espéra jouir de son existence; les chaînes qui assujettissaient tant de pays, et que tenait la main de l'oisiveté et de l'intérêt, semblaient se délier. Tous les peuples opprimés ne tournaient-ils pas leurs regards vers la capitale du monde? titre glorieux que cette ville portait depuis si longtemps avec justice, et qu'elle n'avait jamais plus mérité qu'à cette époque. Les noms des hommes qui proclamèrent les premiers la liberté ne furent-ils pas égaux aux noms les plus célèbres, élevés jusqu'aux astres? Chacun sentit renaître en soi le courage, l'âme et la parole.

« Et nous, qui étions voisins, nous fûmes les premiers animés de cette flamme vive. La guerre com-

Hermann, trad.   3

mença, et les Français en bataillons armés s'approchèrent ; mais ils parurent apporter le don de l'amitié. L'effet répondit d'abord à cette apparence : tous avaient l'âme élevée ; ils plantèrent gaiement les arbres riants de la liberté, nous promettant de ne pas envahir nos possessions ni le droit de nous régir nous-mêmes. Notre jeunesse fit éclater les transports de sa joie, la joie anima l'âge avancé, et les danses de l'allégresse commencèrent à se former autour des nouveaux étendards. Les Français triomphants gagnèrent d'abord l'esprit des hommes par leur vivacité et leur enjouement, et ensuite le cœur des femmes par leur grâce irrésistible. Le fardeau même des besoins nombreux de la guerre nous parut léger ; l'espérance en son vol nous dérobait l'avenir et appelait nos regards dans les carrières nouvellement ouvertes.

« O combien est heureux le temps où, dans une danse, l'amant voltige avec sa fiancée, attendant le jour de leur hymen, objet de leurs vœux ! Tel, et plus heureux encore, fut le temps où ce que l'homme juge être le bien suprême se montrait près de nous, et pouvant être atteint facilement. Il n'y avait point de langues muettes : les vieillards, les hommes d'un âge mûr et les adolescents parlaient à haute voix, pleins de pensées et de sentiments sublimes.

« Mais bientôt le ciel se noircit : une race d'hommes pervers, indigne d'être l'instrument du bien, se disputa les fruits de la domination ; ils se massacrèrent entre eux, opprimèrent les peuples voisins, leurs frères nouveaux, et leur envoyèrent des essaims d'hommes rapaces. Les supérieurs, ravisseurs en

3.

masse, les inférieurs, jusqu'au moindre d'entre
eux, tous nous pillèrent, tous accumulèrent nos dé-
pouilles; ils semblaient n'avoir d'autre crainte que
de laisser échapper quelque chose de ce pillage pour
le lendemain. Notre malheur était extrême, et l'oppression croissait d'heure en heure; il n'y eut personne qui écoutât nos cris : ils étaient les domina-
teurs du jour. Alors le chagrin et le courroux
s'emparèrent des âmes les plus tranquilles; nous
n'eûmes tous que la seule pensée, et nous fîmes
tous le serment de venger ces outrages nombreux
et la perte amère d'une espérance doublement trompée. La fortune se tourna du côté des Germains : les
Français, mis en déroute, reculèrent par des marches
rapides; mais alors aussi nous connûmes, hélas! ce
que la guerre a de plus funeste. Le vainqueur a de la
grandeur d'âme et de la bonté, au moins il en a les
apparences; il ménage, regarde comme ami le vaincu
dont il tire journellement de l'utilité, et qui le sert
de sa fortune; mais celui qui fuit ne connaît point
de loi; il ne songe qu'à repousser la mort; il dévore
les biens sans prévoyance du lendemain; d'ailleurs,
il est enflammé de courroux, et le désespoir fait
sortir du fond de son cœur les plus noirs forfaits;
rien n'est sacré pour lui, tout est sa proie; sa cupi-
dité féroce le précipite vers une femme, et le plaisir
devient un attentat; partout il voit la mort, et, jouis-
sant de ses derniers moments en homme barbare, il
se réjouit de voir couler le sang, d'entendre les
hurlements de l'infortune.

« Nos Germains furent embrasés de la fureur la
plus terrible pour venger leurs pertes, et pour dé-

fondre ce qui leur restait : tout s'arma, appelé encore par la précipitation du fuyard, par sa face blême et ses regards égarés et craintifs. Alors le son non interrompu des cloches fit retentir l'alarme ; le péril futur n'arrêta pas la vengeance déchaînée ; soudain les paisibles instruments du labourage se transforment en armes, la fourche et la faux dégouttent de sang ; l'ennemi tombe sans pardon ; partout la force s'abandonne à une colère frénétique, ainsi que la faiblesse timide et rusée. Puissé-je ne revoir jamais l'homme plongé dans ces égarements horribles ! la bête féroce lui est préférable. Qu'il ne parle donc plus de liberté, comme s'il pouvait se gouverner lui-même ; dès que les barrières sont ôtées, reparait délivrée des obstacles toute la méchanceté que la loi repoussa dans les plus profonds replis de son cœur. »

« Homme excellent, répond l'ecclésiastique avec l'accent d'une âme sensible, si vous ne rendez pas assez de justice à l'humanité, je ne puis vous en faire un sujet de censure : que de maux n'avez-vous pas soufferts d'une entreprise injuste ! Mais si, reportant vos regards en arrière, vous vouliez parcourir ces temps désastreux, vous conviendriez vous-même que vous avez aperçu beaucoup d'actions louables, des qualités sublimes qui étaient comme ensevelies dans le cœur, et que le péril fait produire au jour, l'homme excité par le malheur à se montrer un ange, à paraître envers ses semblables un dieu tutélaire. »

« Vous me rappelez sagement, reprit le vieillard avec un sourire, qu'après un incendie on avertit

souvent le possesseur consterné qu'il peut recou-
vrer l'or et l'argent qui sont fondus et épars dans
les décombres : faible dédommagement, néanmoins
précieux ; l'homme appauvri fouille dans ces décombres, et se réjouit de ce qu'il découvre. C'est
ainsi que je tourne volontiers des regards sereins
vers ce petit nombre de bonnes actions dont la mémoire conserve le souvenir. Oui, je ne le nierai
pas, j'ai vu des ennemis se réconcilier pour sauver
leur ville d'un malheur ; j'ai vu des amis, des pères,
des mères, des fils, tenter l'impossible en faveur de
ceux auxquels ils étaient unis par les plus doux
liens de la nature et de l'amitié ; j'ai vu l'adolescent
devenir tout à coup homme mûr, le vieillard rajeu-
nir, l'enfant même se changer en adolescent. Oui,
le sexe que l'on nomme faible s'est montré animé
de courage, de force, et de la présence d'esprit la
plus vive. Et souffrez que je vous raconte en particulier l'action dont s'ennoblit par un sublime essor
de l'âme une jeune fille, l'honneur de son sexe. Elle
était restée seule avec d'autres jeunes filles dans une
grande ferme ; les hommes étaient partis pour repousser les étrangers. La cour fut assaillie d'une
troupe de vils fuyards, qui se livrèrent au pillage et
bientôt pénétrèrent dans l'appartement des femmes.
A l'aspect de la beauté, de la taille heureuse de la
jeune personne, de ces filles ornées de grâces, et qu'on
pourrait encore nommer des enfants, un désir féroce
s'empare de ces monstres ; ils se précipitent avec
une fureur barbare vers ces colombes tremblantes,
vers la fille généreuse ; mais aussitôt elle arrache
à l'un des scélérats l'épée dont il était ceint, et lui

porte un coup terrible qui l'abat sanglant à ses
pieds; et, délivrant ses compagnes par sa mâle in-
trépidité, elle frappe encore quatre de ces brigands
qui échappent à la mort par la fuite. Elle ferme ensuite la porte de la cour, et, dans son asile, attend
qu'on vienne la secourir. »

A cet éloge de la jeune personne, le pasteur con-
çoit un espoir favorable à son ami; il était prêt à
dire : « Qu'est-elle devenue ? a-t-elle accompagné la
fuite malheureuse de ce peuple ? »

Mais le pharmacien arrive en hâte, et, le tirant
par l'habit, lui dit tout bas à l'oreille : « Ne l'ai-je pas
enfin trouvée parmi plusieurs centaines de femmes,
d'après la description ? Venez donc, voyez-la de vos
propres yeux, et prenez avec vous le juge pour recevoir les informations nécessaires. » Ils se tour-
nent; mais le juge, appelé par les siens pour une
affaire pressante, a disparu.

Cependant le pasteur suit aussitôt par l'ouverture
d'une haie son ami, qui l'instruisait avec un air
fin : « Apercevez-vous la jeune fille ? Elle a emmail-
loté le poupon; je reconnais la vieille robe de coton et la taie bleue que renfermait le paquet remis
par Hermann entre ses mains; vraiment elle a fait un
prompt et bon emploi de ces dons. Ces indices sont
évidents, les autres ne le sont pas moins : car son
rouge corps de jupe, fermé par un beau lacet,
élève son sein arrondi; son corset noir marque sa
taille; le haut de sa chemise, soigneusement plissé,
forme la fraise qui entoure son menton avec une
grâce pudique; son visage ovale et agréable annonce
la candeur et la sérénité; les tresses fortes de ses

cheveux sont roulées autour d'épingles d'argent.
Quoiqu'elle soit assise, nous voyons la richesse de
sa taille; son jupon bleu, sous le corset, descend en
plis nombreux à ses pieds. C'est elle sans doute :
venez, apprenons de quelqu'un si elle est bonne,
vertueuse, et habile ménagère. »

Le pasteur considérait d'un œil attentif la personne
assise. « Qu'elle ait charmé notre jeune homme,
dit-il, certainement je ne m'en étonne pas; elle peut
soutenir l'épreuve aux yeux du plus éclairé. Heureux qui reçut de la nature, notre mère, une forme
qui enchante ! dès qu'il se produit, elle le recom-
mande; il n'est étranger nulle part; on le recherche
et l'on se sent arrêté près de lui, s'il joint à cet extérieur ravissant les qualités attrayantes de l'âme. Je
vous assure que ce jeune homme a trouvé une personne qui répandra la plus grande sérénité sur les
jours de sa vie, sera pour lui dans tous les temps
une aide courageuse et fidèle; un corps si parfait
enferme une âme saine, et sa jeunesse active promet une heureuse vieillesse. »

« L'apparence est souvent trompeuse, réfléchit son
compagnon ; je ne me fie pas aisément à l'extérieur;
j'ai si fréquemment éprouvé la vérité du proverbe :
Ne donne pas ta confiance à ton nouvel ami, avant
que vous n'ayez consommé ensemble un boisseau
de sel; le temps seul t'apprendra si vous vous con-
venez et si votre amitié sera durable. Commençons
donc par chercher quelques bonnes gens qui puis-
sent nous raconter ce qu'ils savent de la jeune fille. »

« Ainsi qu'à vous la précaution me paraît sage, dit
l'ecclésiastique en le suivant : ce n'est pas pour nous

que nous recherchons une fille en mariage ; cette dé-
marche, faite pour un autre, est délicate et demande
beaucoup de prudence. » Ils vont à la rencontre
du juge, toujours occupé de ses fonctions, et qu'ils
voient reparaître. « Parlez, lui dit le pasteur, nous
avons vu dans ce jardin voisin une jeune fille assise
sous un pommier, et qui fait des habits d'enfants
d'un vêtement de coton qu'on a déjà porté, et qu'elle
a probablement reçu en don. Sa figure nous a plu ;
elle paraît être une des plus estimables de son sexe.
Dites-nous ce que vous savez à son sujet : notre
question part de vues louables. »

Le juge étant aussitôt entré dans le jardin pour
la considérer : « Elle vous est déjà connue, dit-il ;
quand je vous racontais l'action signalée d'une jeune
fille arrachant l'épée à un ravisseur et se délivrant
elle et ses compagnes, c'est elle dont je vous
parlais. Vous voyez vous-même qu'elle est capable
de cette action ; elle est née forte et courageuse,
mais elle n'est pas moins bonne. Elle a donné les
plus tendres soins à son aïeul jusqu'au dernier jour,
où le chagrin du sort malheureux de sa petite ville
et la crainte de se voir dépouillé de ses possessions
le précipitèrent dans le tombeau. Elle a supporté de
même avec la fermeté du courage la douleur que
lui fit éprouver la perte de son fiancé, jeune homme
dont l'âme était élevée, qui, dans la première ardeur
du généreux sentiment de seconder la cause sublime
de la liberté, se rendit à Paris même, et bientôt y
termina ses jours par une mort horrible : car il s'y
montra, comme dans son pays, l'ennemi de la ruse
et de la tyrannie. »

Telles furent les paroles du juge. Les deux amis
le remercient, prêts à le quitter; le pasteur tire de
sa bourse une pièce d'or : il avait fait une distribution généreuse de sa monnaie d'argent en voyant,
il y avait peu d'heures, passer les troupes désolées
des fugitifs; il présente cette pièce d'or au juge :
« Partagez, dit-il, ce mince don entre vos pauvres;
Dieu veuille l'accroître! » Mais le juge refusant de
recevoir ce don : « Nous avons sauvé, dit-il, quelque
argent, assez d'habits et d'autres effets, et j'espère
que nous retournerons au lieu de nos domiciles avant
d'avoir épuisé le tout. » Le pasteur lui pressant la
pièce dans la main : « Personne, répond-il, ne doit, en
ces jours malheureux, être lent à donner, ni refuser
d'être le dépositaire de ce qu'offre l'humanité. Sait-on
combien de temps on gardera ce dont on est le possesseur paisible? sait-on combien de temps encore
on sera errant dans les pays étrangers, privé du
jardin et du champ où l'on trouvait sa nourriture? »

« Eh! dit le pharmacien embarrassé, si donc je
m'étais muni d'argent! somme petite ou grande, vous
l'auriez : car un grand nombre des vôtres doivent
en être dépourvus. Je ne vous laisse pourtant pas
aller sans vous faire un don; vous connaîtrez au
moins ma bonne volonté, quoique l'action ne l'égale
pas. Et, tirant par les cordons une bourse de cuir
brodée dans laquelle il enfermait son tabac, il
l'ouvre et donne le contenu où se trouvaient quelques pipes. Le don, ajoute-t-il, est bien petit. » « Du
bon tabac, dit le juge, est toujours bien reçu du
voyageur. » Alors le pharmacien fait l'éloge de son
tabac.

3.

Mais le pasteur l'entraînant, et, se séparant du juge : « Hâtons-nous, dit-il ; notre jeune ami nous attend avec anxiété, qu'il entende au plus tôt l'heureuse nouvelle. » Ils marchent d'un pas rapide, ils arrivent. Le jeune homme, sous les tilleuls, était appuyé contre sa voiture ; ses chevaux fringants frappaient du pied et déchiraient le gazon ; il les tenait par la bride, et, plongé dans ses pensées, il arrêtait devant lui des regards immobiles et n'aperçoit ses amis que lorsque, arrivant, ils l'appellent et s'annoncent par des signes de joie. Déjà le pharmacien avait de loin commencé à parler ; cependant ils s'approchent, et le pasteur, prenant la main d'Hermann et coupant la parole à son compagnon : « Sois heureux, jeune homme, dit-il ; ton coup d'œil juste, ton cœur droit, ont fait le meilleur choix ; soyez heureux, toi et la femme de ta jeunesse : elle est digne de ta main. Viens donc, tourne la voiture ; qu'elle nous conduise promptement au village pour que nous fassions la demande, et que nous amenions la bonne fille dans la maison de ton père. »

Mais le jeune homme, ne quittant point sa place, écoute, sans marquer de satisfaction, des paroles qui devaient l'animer de la plus douce confiance et d'une joie céleste ; il tire du fond de son cœur un soupir. « Venus avec rapidité, dit-il, nous nous en retournerons peut-être confus, à pas lents. Depuis que je vous ai attendus, j'ai été en proie au doute, au soupçon, à la crainte, et à tous les sentiments qui peuvent tourmenter le cœur de celui qui aime. Parce que nous sommes riches, et qu'elle est dans la pauvreté et dans l'exil, croyez-vous qu'il nous suffise d'arriver pour que la jeune fille nous suive? La pauvreté même, non méritée, inspire de la fierté : cette exilée paraît frugale et active, dès lors le monde lui appartient. Et croyez-vous qu'en se formant, une personne si belle, et qui annonce des mœurs si parfaites, n'ait charmé aucun bon jeune homme? Croyez-vous qu'elle ait fermé jusqu'à ce moment son cœur à l'amour? Ne nous menez pas si précipitamment au village : nous pourrions retourner lentement les chevaux, et reprendre avec honte le chemin de notre demeure. Je crains bien qu'il n'y ait quelque part un jeune homme qui possède ce cœur, et que cette belle main n'ait touché celle du fortuné et ne lui ait donné sa foi. Ah! je me vois alors devant elle, avec ma demande, couvert de confusion. »

Le pasteur allait l'encourager, lorsque son compagnon, toujours prêt à divaguer, lui enlève la parole : « Vraiment! autrefois que chaque action avait des formes réglées, nous n'aurions pas été dans cet embarras. Quand les parents avaient choisi pour leur fils une épouse, la première chose était d'appeler confidemment un ami; on l'envoyait après cela au père et à la mère de la jeune personne, comme chargé de la demande en mariage. Paré solennellement, il allait un dimanche peut-être, après le dîner, faire une visite à l'honnête citoyen; il commençait par s'engager amicalement avec lui dans une conversation générale, adroit à la conduire et à la tourner prudemment selon ses vues. Enfin, après de longs détours, il parlait aussi et avec éloge de la fille du père, et il ne louait pas moins l'homme et la maison dont il était l'ambassadeur. Les personnes intelligentes remarquaient le but; l'ambassadeur intelligent remarquait bientôt leurs dispositions, et pouvait s'expliquer. Si la demande était éludée, on n'avait pas reçu en face un refus humiliant; mais si elle avait été agréée, le négociateur occupait dans la maison à perpétuité la première place à chaque festin de famille : car le couple, durant tout le cours de leur vie, se rappelait que cette main habile avait formé le premier nœud de leur union. A présent, tout ceci, comme d'autres bonnes coutumes, est passé de mode, et chacun fait sa poursuite soi-même : que chacun donc aussi reçoive en personne le refus, joli présent qui peut lui être destiné, et qu'il demeure honteux aux yeux de la jeune fille. »

« Arrive ce qui pourra, répond le jeune homme, qui à peine a écouté toutes ces paroles, et qui s'est déjà décidé en silence; j'irai moi-même, et veux apprendre mon sort de la bouche de celle en qui j'ai la plus grande confiance, telle que jamais femme n'en inspira de semblable à un homme. Je suis bien persuadé que ce qu'elle dira sera bon, raisonnable. Quand même je la verrais pour la dernière fois, je veux une fois encore rencontrer ses yeux noirs, ce regard ouvert; si je ne dois jamais la serrer contre mon cœur, je veux une fois encore voir cette taille accomplie, cette bouche dont un baiser et un oui me rendent heureux pour toujours, dont un non m'enlèvera pour toujours le bonheur. Mais souffrez que je reste seul, et ne m'attendez pas; retournez vers mon père et ma mère; qu'ils apprennent que leur fils ne s'est pas trompé, et que la jeune personne est le plus digne objet de ses vœux. Veuillez me laisser à moi-même. Le sentier qui mène à travers le coteau jusqu'au poirier, et de là descend le long du vignoble, m'abrégera la route à mon retour. Oh! puissé-je leur conduire avec joie et d'un pas rapide ma bien-aimée! Peut-être qu'en suivant ce sentier je me glisserai seul vers notre maison, et qu'il m'est réservé de ne le parcourir désormais qu'avec tristesse. »

Il dit, et présente les guides au pasteur, qui les reçoit; maîtrisant avec habileté les coursiers écumants, il s'élance dans la voiture et occupe la place du conducteur.

Mais tu hésites d'y monter, voisin précautionné, et tu lui dis. « Mon ami, je vous confie volontiers mon âme avec toutes ses facultés; mais le corps et ses membres n'ont pas une garantie bien sûre quand une main sacrée s'empare des rênes de ce monde. »

Tu souris, judicieux pasteur. « Prenez seulement place, réponds-tu, et confiez-moi sans crainte votre corps ainsi que votre âme. Depuis longtemps cette main est exercée à diriger les rênes et cet œil à saisir avec art les chemins tournants. Tous les jours à Strasbourg, où j'accompagnai le jeune baron, notre char dont j'étais le conducteur, traversant la foule d'un peuple qui passe sa vie aux promenades, sortait avec rapidité des portes retentissantes, franchissait les campagnes poudreuses et roulait jusqu'aux prairies et aux tilleuls éloignés. »

A demi rassuré, le voisin monte dans la voiture, et en s'asseyant prend la précaution de celui qui se dispose à faire un saut avec prudence. Les cour-

siers volent, impatients de gagner l'écurie ; sous
leurs pieds vigoureux s'élève un nuage de poussière.
Le jeune homme est longtemps encore à la même
place ; il voit la poussière s'élever dans les airs, il
la voit se dissiper, et reste immobile sans aucun
sentiment.

VII. ÉRATO.

Dorothée.

Comme le voyageur, au coucher du soleil, fixe une
fois encore les yeux sur cet astre, qui descend de
l'horizon et disparaît; son œil ébloui en voit flotter
l'image dans un sombre bosquet, et près d'un ro-
cher; partout où il dirige ses regards il la voit à
l'instant même se reproduire, et, vacillante, rayon-
ner de riches couleurs : ainsi Hermann voit l'image
de la jeune fille passer légèrement devant lui et
suivre le sentier qui mène à sa demeure. Mais tout
à coup il sort du songe qui l'étonne, et il tourne avec
lenteur ses pas vers le village; il retombe dans le
même étonnement, voit reparaître, voit venir à sa
rencontre la forme admirable. Il la considère avec
la plus forte attention; ce n'était pas une image
illusoire, c'était la personne elle-même : tenant de
ses mains par les anses deux cruches d'inégale grandeur, elle se hâtait d'arriver à la fontaine. Il s'avance
vers elle avec joie, et, ranimé par sa vue, tandis
qu'elle est vivement étonnée à son tour : « Fille active, dit-il, je te vois en ce moment encore, comme
peu auparavant, occupée à soulager les maux d'autrui, à secourir l'humanité souffrante. Dis, pourquoi
viens-tu seule à cette source éloignée, tandis que
tes compagnons se contentent des fontaines du
village? Il est vrai que l'eau de cette source est douée
d'une vertu particulière, et qu'on s'en abreuve avec
plaisir; tu veux sans doute en apporter à cette

femme infirme dont tu as sauvé la vie avec tant de zèle. »

L'aimable personne fait un salut gracieux au jeune homme. « La peine que je prends de me rendre à cette source, répond-elle, est déjà récompensée, puisque je rencontre l'homme généreux qui nous a comblés de ses dons : l'aspect du bienfaiteur est aussi agréable que le bienfait. Venez, voyez de vos propres yeux ceux qui ont joui de vos largesses, et recevez les remercîments des cœurs tranquilles que vous avez ranimés. Il faut cependant que je vous apprenne pourquoi je viens seule puiser à cette source pure et intarissable. Des hommes imprévoyants ont, à leur arrivée, troublé toutes les eaux du village en faisant passer les chevaux et les bœufs par le réservoir qui en fournit aux habitants, et le soin de laver le linge et les ustensiles a souillé tous les puits et tous les abreuvoirs : chacun n'est occupé que de soi ; absorbé par le besoin présent, il le soulage promptement et avec ardeur ; le besoin suivant est loin de sa pensée. »

En disant ces mots, elle a descendu les larges degrés, accompagnée d'Hermann ; ils s'asseyent sur le petit mur de la source. Elle se baisse sur l'eau pour y puiser ; il prend l'autre cruche, et se baisse sur la même eau. Ils y voient leurs images flottantes sur un ciel azuré ; ils se parlent par un léger mouvement de tête, et se saluent tendrement dans ce miroir. « Je veux m'abreuver de cette eau », dit aussitôt le jeune homme satisfait ; elle lui présente la cruche. Ils restent assis sur le mur avec une confiance ingénue, appuyés sur les vases. Cependant elle dit à

son ami : « Parlez, comment vous rencontré-je en
ce lieu? et cela sans votre voiture et vos chevaux,
loin du lieu où je vous ai vu pour la première fois?
pourquoi êtes-vous venu ici? »

Hermann pensif baissait sa paupière. Il lève ensuite
un regard paisible vers Dorothée, l'attache avec tendresse sur les yeux de celle qu'il aime, et il sent que
son cœur se calme et se rassure. Cependant, lui
parler de son amour, il ne l'aurait pu; le regard de
la jeune personne n'annonçait point d'amour, mais
de l'intelligence et de la sagesse, et commandait une
réponse dictée par la raison. Il se décide aussitôt, et
lui dit avec le ton d'une douce confiance : « Écoute-
moi, mon enfant, je vais répondre à ta question. Tu
es le sujet de ma venue; pourquoi te le celer? Un
père et une mère que j'aime s'occupent du bonheur
de ma vie; moi, comme leurs fils unique, je les aide
avec zèle et fidélité à régir notre maison et nos
biens; chacun de nous a des travaux assignés, ils
sont nombreux : je soigne la culture de tous nos
champs, mon père est l'administrateur vigilant de
la maison, et ma mère active surveille et anime le
ménage. Mais tu as sûrement appris par ton expérience combien les domestiques, tantôt par légèreté
et tantôt par mauvaise foi, tourmentent la maîtresse
de la maison, l'obligent à les renouveler fréquemment, c'est-à-dire à échanger leurs défauts contre
d'autres défauts. Ma mère, depuis longtemps, désire
avoir auprès d'elle une personne qui la soulage, non
pas seulement en mettant la main à l'œuvre, mais
encore en s'y trouvant portée par attachement, et
qui remplace sa fille chérie, morte, hélas! à la fleur

de l'âge. Tu as paru aujourd'hui devant ma voiture ;
je t'ai vue te livrer de si bon cœur à des soins généreux, j'ai vu que la force et la santé relevaient encore
en toi les autres avantages de la jeunesse, j'ai entendu la raison parler par ta bouche ; captivé, j'ai
couru vanter à mon père, à ma mère et à nos amis
l'étrangère selon tout son mérite. Je te dirai enfin
ce qu'ils désirent ainsi que moi. Pardonne ce discours embarrassé. »

« Ne craignez point d'achever, répond-elle : loin
d'être offensée, vous me voyez reconnaissante ; parlez
ouvertement, le mot ne peut m'effrayer. Vous voulez
m'engager comme domestique zélée auprès de votre
père et de votre mère, pour entretenir l'ordre qui
règne dans votre maison ; et vous croyez trouver en
moi celle qui leur convient, une fille sage, active et
d'un caractère doux. Votre proposition était courte,
ma réponse le sera de même. Oui, je vais avec vous,
et crois suivre ainsi ma destinée. Ici mon devoir
est rempli ; j'ai rendu l'accouchée à ses parents, ils
se félicitent qu'elle ait été sauvée ; la plupart d'entre
eux sont réunis, les autres ne tarderont pas à les
rejoindre. Tous s'assurent d'arriver bientôt au moment de retourner dans leur patrie : c'est ainsi que
l'exilé aime à se flatter ; moi, dans ces jours malheureux qui nous en font craindre d'autres encore, je
ne me berce pas d'espérances légères. Les liens du
monde sont rompus, qui les renouera ? ce sera la
nécessité seule, amenée par l'excès des malheurs
que nous présagent ceux dont nous sommes les
témoins. Si je puis me nourrir en servant sous les
yeux de votre mère vertueuse, dans la maison de

votre père vénérable, j'y suis très disposée : car la
la réputation d'une fille errante est toujours incertaine. Oui, je vous suivrai, dès que j'aurai rapporté
ces cruches à mes amis, et que ces bonnes gens
m'auront donné leur bénédiction. Venez, je désire
que vous les voyiez, et que vous me receviez de
leurs mains. »

Le jeune homme, ravi de la voir si disposée à le
suivre, délibère s'il doit en ce moment l'instruire
du véritable motif qui l'amène ; mais il se détermine
à ne pas la tirer d'erreur, déjà heureux de pouvoir
la conduire dans sa maison, où il lui demandera son
cœur et sa main. D'ailleurs, ô perplexité ! il a vu
à son doigt un anneau d'or, et c'est ce qui l'a porté
à ne pas l'interrompre, à écouter attentivement
toutes ses paroles.

« Partons, reprit-elle : on blâme les jeunes filles qui
se retardent près des fontaines, et cependant il est si
agréable de s'entretenir à côté d'une source jaillissante ! » Ils se lèvent, se retournent, et, jetant un
dernier regard sur la source, ils éprouvent un doux
regret.

En silence, elle prend les cruches et monte les
degrés, suivie de celui qui l'aime. Il veut la soulager
en se chargeant d'une des cruches : « Non, dit-elle,
en portant de chaque main un fardeau, l'équilibre
l'allège, et le maître dont à l'avenir je recevrai les
ordres ne doit pas me servir. Ne me regardez pas
avec tant de sérieux, comme pour plaindre ma destinée. Il faut qu'une femme se dévoue de bonne
heure aux soins domestiques que sa vocation l'appelle
à remplir, et c'est par là qu'elle mérite d'arriver au

pouvoir qu'une maîtresse doit exercer dans sa maison.
La jeune fille attentive à servir son père, sa mère,
son aînée, va, vient, prépare et apporte ce qu'ils
désirent, c'est là sa vie : heureuse si elle s'est habi-
tuée à ne trouver aucun chemin trop pénible, à ne
pas distinguer les heures de la nuit de celles du jour,
à ne juger aucun travail trop minutieux, aucune
aiguille trop fine, enfin à s'oublier elle-même et à
vivre pour autrui! Elle aura besoin de toutes ces
vertus domestiques, si elle devient mère, lorsque le
nourrisson la réveillera, demandera de l'aliment à
la femme affaiblie, et que les soins s'uniront pour
elle aux douleurs; les forces réunies de vingt hommes
ne supporteraient pas ces fatigues; ils n'y sont point
appelés; mais ils doivent les regarder avec l'œil de
la reconnaissance. »

Elle parle ainsi, traverse le jardin, arrive avec
son fidèle compagnon jusqu'à la grange où reposait
l'accouchée, qu'elle avait laissée contente, entourée
de ses filles, ces jeunes personnes qu'elle délivra
des ravisseurs, et qui offraient la belle image de
l'innocence. Ils entrent, et, d'un autre côté, s'avance
en même temps le juge, tenant de chaque main un
enfant; ils avaient été égarés, le vieillard venait de
les retrouver dans la foule tumultueuse. Ils sautent
avec joie vers leur mère chérie, l'embrassent, et se
réjouissent à l'aspect du petit camarade, leur nouveau frère, qu'ils voient pour la première fois; ils
sautent ensuite vers Dorothée, la saluent avec une
vive amitié, demandant du pain, du fruit, et avant
tout de la boisson. Elle présente à tous ceux qui
l'entourent l'eau qu'elle apportait : les enfants en

boivent, l'accouchée en boit aussi, ainsi que ses
filles et le juge; chacun s'est abreuvé avec plaisir
et vante l'excellence de cette eau ; elle avait une
pointe acide, et c'était un breuvage restaurant et
salutaire.

Mais la jeune fille prend un maintien sérieux.
« Mes amis, dit-elle, c'est, je crois, pour la dernière
fois que j'ai porté la cruche à vos lèvres et vous ai
abreuvés de l'eau d'une source : lorsque, à l'avenir,
dans un jour brûlant, un breuvage vous ranimera ;
lorsque, à l'ombre, vous jouirez du repos, de la fraîcheur d'une source pure, veuillez songer à moi, et
aux soins que l'amitié, plus que la parenté, m'a portée à vous rendre. Durant tout le cours de ma vie,
je me souviendrai avec reconnaissance de vos bons
services. Je vous quitte à regret; mais en ce temps
chacun est pour les autres une charge plutôt qu'une
consolation ; et si le retour dans notre patrie nous
est interdit, il faudra bien qu'enfin nous nous dis-
persions tous dans les pays étrangers. Voici le jeune
homme qui a été notre bienfaiteur, auquel nous devons les langes de cet enfant, et les aliments qui
nous semblèrent envoyés par le ciel pour le soutien
de notre vie. Il est venu me proposer de me rendre
dans sa maison pour servir son père et sa mère,
qui ont des vertus et de l'opulence ; je ne m'y refuse
point : car partout une jeune fille doit remplir des
soins domestiques, et ce serait pour elle un fardeau
que de vivre dans l'indolence et d'être servie. Je
suis donc volontiers ses pas ; il paraît être raisonnable, et je m'assure que son père et sa mère le
sont aussi, ce qui donne un véritable prix à l'opu-

lence. Chère amie, vivez heureuse; faites votre joie
du nourrisson plein de vie dont les regards, tour-
nés sur vous, annoncent déjà la force et la santé; et
lorsque, avec ses langes colorés, vous le presserez
contre votre sein, oh! pensez au bon jeune homme
à qui nous en sommes redevables, et dont à l'avenir aussi je tiendrai la nourriture et le vêtement,
moi votre parente et votre amie. Et vous, homme
excellent, continua-t-elle en se tournant vers le
juge, recevez mes remerciments, vous qui, dans un
grand nombre d'occasions, m'avez servi de père. »

Alors s'agenouillant devant l'accouchée, dont l'âme
était sensible, elle embrasse cette femme qui fondait
en larmes, et qui, dans sa douleur, peut à peine bé-
gayer sa bénédiction. Toi, cependant, juge vénérable, tu adresses à Hermann ces paroles : « Mon
ami, vous devez être compté parmi les hommes sages
qui, pour le gouvernement de leur maison, s'asso-
cient des personnes estimables. J'ai vu souvent
que, lorsqu'il s'agit d'acquérir, par échange ou par
achat, des bœufs, des chevaux, des brebis, on en
fait un examen attentif; tandis qu'on semble se dé-
cider au hasard ou se reposer sur son bonheur, pour
le choix d'un homme qu'on amène dans sa maison
et auquel on la confie, qui, s'il est bon et habile, en
est le soutien, mais qui, s'il a les qualités contraires,
en est la ruine : on se repent ensuite, mais trop
tard, de cette décision aveugle. Pour vous, il paraît
que vous vous y entendez; vous avez choisi pour
servir votre père, votre mère et vous une fille accomplie. Ayez pour elle de justes égards : aussi
longtemps qu'elle sera chargée des soins de votre

ménage, vous aurez trouvé en elle, vous une sœur,
eux une fille. »

Cependant arrive un grand nombre des proches
parents de l'accouchée, qui lui apportent divers secours et l'instruisent qu'on lui prépare une demeure
plus convenable. Ils apprennent la résolution que
la jeune fille a prise ; ils font des vœux pour Hermann, et portent sur lui des regards qui expriment
leurs pensées. Ces mots volent de chaque bouche à
l'oreille du voisin : « Si de son maître il devient son
époux, elle est pourvue. »

Hermann lui prenant la main : « Partons, dit-il ; le
jour décline, et notre petite ville est éloignée. » Alors
les femmes, parlant avec vivacité toutes à la fois,
embrassent Dorothée. Hermann l'entraîne ; elle les
charge encore de salutations et de vœux pour ses
amis ; mais les enfants désolés, se précipitant sur ses
habits avec des cris excessifs et un torrent de
larmes, ne veulent point laisser partir leur seconde
mère. Plusieurs de ces femmes les répriment : « Paix,
enfants ! elle va dans la ville pour prendre les ex-
cellentes dragées que votre frère a commandées pour
vous, lorsque la cigogne en nous l'apportant a passé
devant le confiseur, et vous verrez bientôt revenir
votre amie avec des cornets joliment dorés. » A ces
mots les enfants abandonnent ses habits ; Hermann
l'arrache à peine encore à de nouveaux embrasse-
ments et aux mouvements des mouchoirs, adieux
dont elle est longtemps accompagnée.

VIII. MELPOMÈNE.

Hermann et Dorothée.

Ils dirigent ensemble leurs pas vers le soleil, qui terminait sa course, et qui, enveloppé de profondes nuées, annonçait un orage : ses regards ardents dardaient çà et là hors de ce voile, à travers les campagnes, de longs traits d'une lumière effrayante. « Puisse, dit Hermann, le menaçant orage ne pas nous envoyer de la grêle et des torrents de pluie! car tout promet la plus belle récolte. » Ils jettent un coup d'œil satisfait sur les longues tiges de blé qui s'agitaient, et qui, dans leur passage au milieu du champ, étaient près d'atteindre jusqu'à la hauteur de leurs tailles élevées. « Homme bon, dit la jeune fille à l'ami qui la guide, vous auquel je devrai bientôt un sort heureux, l'abri d'un toit, pendant que tant de fugitifs sont exposés à l'orage qui se prépare, faites-moi connaître, avant mon arrivée, votre père et votre mère, que je suis disposée, du fond de mon âme, à servir avec zèle : car il est plus aisé de complaire à son maître quand on connaît son caractère, les soins qu'il regarde comme les plus importants et sur lesquels sa volonté est prononcée. Apprenez-moi donc comment je pourrai gagner leur affection. »

« Oh! que je t'approuve, fille prudente, accomplie, répond le jeune homme judicieux, de vouloir t'instruire de leur caractère avant ton arrivée! Sans une attention semblable, j'aurais fait d'inutiles ef-

éducation, sans vouloir forcer en eux la nature.
Celui-ci a reçu tel don, celui-là tel autre ; chacun
use du sien, et ne peut être bon et heureux que d'une
manière qui lui est propre. Je ne souffre pas que
mon Hermann soit grondé : je sais qu'il est digne
des biens qui seront un jour son partage, qu'il soigne
nos champs en économe instruit et habile, qu'il est
le modèle de nos cultivateurs et de notre bourgeoi-
sie, et je prévois avec certitude qu'il n'occupera pas
au conseil la dernière place ; mais le gronder et le
censurer journellement, comme tu viens de le faire,
c'est étouffer tout courage dans le cœur de ce pauvre
enfant. » En achevant ces mots, elle sort et se hâte
d'aller trouver son fils, impatiente de le rencontrer,
et de rappeler par les paroles d'une tendre mère
(car ce bon fils le méritait) la joie dans son âme.

Dès qu'elle est sortie : « Quel peuple singulier que
les femmes et les enfants! dit le père avec un sourire ; ils aimeraient tant ne vivre qu'à leur fan-
taisie, et voudraient qu'ensuite on fût toujours prêt
à leur donner des éloges et à les cajoler. Une fois
pour toutes, le proverbe ancien est vrai, et restons-
en là : Qui n'avance recule. »

« J'adopte volontiers ce proverbe, mon digne voisin, dit le pharmacien avec une mine réfléchie, et
je m'occupe, en regardant toujours autour de moi, à
découvrir ce qui peut améliorer ma situation, pourvu
que la nouveauté ne soit pas trop dispendieuse ;
mais lorsqu'on veut embellir le dehors et l'intérieur
de sa maison, et que les facultés sont limitées, pen-
sez-vous que l'ardeur la plus active puisse y sup-
pléer? Disons que le bourgeois est trop borné dans

ses moyens : en vain il connaît ce qui est bon, il ne
peut l'acquérir ; l'objet est trop grand et sa bourse
trop petite ; il est à chaque pas arrêté dans ses des-
seins. Que n'eussé-je pas fait? mais qui ne serait
pas épouvanté, surtout dans la crise présente, des
frais qu'entraîneraient de tels changements? Il y a
longtemps que ma maison aurait été un peu mise à
la mode et me rirait; qu'on verrait briller dans toute
son étendue de grands carreaux de vitre ; toutefois
peut-on suivre le marchand qui joint à ses richesses
la connaissance des lieux où l'on trouve ce qu'il y a
de meilleur? Voyez la maison qui est en face : ne
dirait-on pas qu'elle est neuve? Avec quelle magnifi-
cence le stuc blanc de la volute figure entre les pan-
neaux verts ! combien les fenêtres sont grandes !
comme les carreaux éblouissent! ce sont autant de
miroirs; les autres maisons du marché restent éclip-
sées. Et cependant d'abord, après l'incendie, les
plus belles étaient les nôtres, la pharmacie de
l'Ange et l'hôtellerie du Lion d'Or. Mon jardin aussi
était renommé dans toute notre contrée; et chaque
voyageur s'arrêtait pour regarder à travers la palis-
sade rouge le mendiant, statue de pierre, et celle
du nain en habit coloré. Mais ceux auxquels je présentais le café dans la superbe grotte qui, je l'avoue,
est à présent souillée de poussière et à demi ruinée,
témoignaient une grande joie à l'aspect de la lumière
étincelante et colorée qu'envoyaient les coquillages
si heureusement assortis; et le connaisseur ébloui
considérait même les cristaux de plomb et les co-
raux. On n'admirait pas moins les peintures de la
salle, où l'on voit se promener dans un jardin les

2.

dames et les messieurs parés, tenant et offrant des
fleurs de la pointe de leurs doigts délicats.

« Eh bien ! de nos jours, qui voudrait seulement
regarder ces décorations? Dans mon humeur cha-
grine je ne vais presque plus dans mon jardin; on
veut que tout prenne une autre forme, et, comme on
le dit, soit marqué au coin du goût; il faut que les
lattes et les bancs de bois soient blancs; on n'aime
que le simple et l'uni, on a proscrit la ciselure et la
dorure; et cependant le bois étranger est à présent
ce qui coûte le plus. Je consentirais sans peine à me
procurer, comme d'autres, quelques objets d'un
goût nouveau, à marcher avec mon siècle, à renouveler souvent mes meubles; mais on craint de faire
le plus petit pas : qui peut à présent payer les ou-
vriers? J'ai voulu, il n'y a pas longtemps, faire
redorer l'enseigne de ma pharmacie, l'ange Michel,
aux pieds duquel se roule un dragon terrible : le
prix de la réparation était si grand, que j'ai préféré
le laisser encore tel qu'il est, tout embruni. »

IV. EUTERPE.

La mère et le fils.

Durant l'entretien de ces amis, la mère va chercher son fils, d'abord à l'entrée de la maison, où il
avait coutume de s'asseoir sur un banc de pierre ;
ne l'y trouvant point, elle porte ses pas vers l'écurie,
dans la pensée qu'il y sera peut-être pour soigner
les superbes chevaux qu'il acheta poulains, soin dont
il ne se reposait que sur lui-même. Le valet dit :
« Il est allé dans le jardin. » Alors elle traverse avec
rapidité les deux longues cours, passe devant les
étables et les solides bâtiments des granges, entre
dans le vaste jardin, qui s'étendait jusqu'aux murs
de la cité ; elle le traverse aussi, et, dans sa route,
elle voit avec plaisir les progrès de chaque plante,
redresse les appuis sur lesquels reposaient les
branches du pommier chargées de fruits et du poirier
pliant sous le poids des siens ; elle dégage promptement le chou vigoureux et rebondi de quelques che-
nilles, car une femme active ne fait point un pas
qui soit inutile. Arrivée dans le berceau de chèvre-
feuille à l'extrémité du jardin, elle n'y trouve pas
son fils, et ses yeux l'ont en vain cherché dans
toute l'enceinte qu'elle a parcourue ; mais la petite
porte qui, par la faveur particulière d'un aïeul,
digne bourgmestre, fut placée dans le mur de la
cité, était entr'ouverte. Elle en sort, et, passant le
fossé qui était sec, arrive près du grand chemin au
sentier escarpé de son vignoble qui, ceint d'une

forte haie, était favorablement exposé aux rayons du soleil. Elle gravit ce sentier, et, dans son chemin, elle voit avec satisfaction l'abondance des grappes de raisin, qui pouvaient à peine recevoir quelque abri du feuillage. Traversant le milieu du vignoble, on parvenait au sommet par un degré formé de pierres non taillées, et sous un berceau de vigne; là étaient appendus le chasselas blanc, et le raisin muscat, en grappes d'un bleu rougeâtre et d'une grosseur extraordinaire : ces fruits, cultivés avec soin, étaient destinés à l'ornement des desserts qu'on présentait aux étrangers; le reste du vignoble portait des ceps isolés l'un de l'autre, et chargés de plus petites grappes, qui donnaient un vin excellent. Elle jouit par avance des bienfaits de l'automne, de la fête où tout le canton vient, en chantant, cueillir les raisins, les fouler au pressoir, et remplir de vin les tonneaux; où le soir des feux d'artifice éclairent toute la contrée, et font entendre un bruit éclatant pour honorer la plus belle des récoltes. Cependant elle marche avec plus d'inquiétude, depuis qu'elle a deux et même trois fois appelé son fils, et que l'écho seul lui a répondu, écho babillard qui retentit des tours de la ville en sons nombreux. Il était si rare qu'elle eût à chercher son fils! jamais il ne s'éloignait, ou il avait soin de l'en prévenir pour épargner de vives craintes à sa tendre mère ; mais elle espère encore le rencontrer en poursuivant sa route, puisque la dernière porte du vignoble, comme la première, était ouverte. Elle va dans le vaste champ qui formait le dos de la colline ; elle était toujours sur son propre terrain, et son cœur éprouvait de la joie en voyant le blé qui, chargé d'épis dorés et forts, s'inclinait et s'agitait sur tout le champ. Elle suit dans une lisière un sentier, en dirigeant ses regards vers le grand poirier qui s'élevait sur un coteau, limite de ses possessions. On ne savait qui l'avait planté; on l'apercevait de toutes parts à une grande distance, et son fruit était renommé; sous cet arbre, à midi, les moissonneurs prenaient joyeusement leur repas, et les bergers qui gardaient les troupeaux s'asseyaient sous son ombrage : on y trouvait des bancs de pierre et de gazon. Elle ne s'était pas trompée dans son espoir : là son Hermann était assis; il se reposait la tête appuyée sur son bras, et paraissait considérer dans l'éloignement les monts qui bordaient cette contrée; il avait le dos tourné contre sa mère. Elle se glisse doucement vers lui, et d'une main légère lui touche l'épaule; il se retourne, elle voit ses yeux chargés de larmes.

« Ma mère, dit-il étonné, vous m'avez fait une surprise. » Et il se hâtait d'essuyer ses pleurs, expression des sentiments généreux de ce jeune homme. « Quoi! mon fils, tu pleures? dit la mère émue. Je ne te reconnais point à cette désolation; je ne t'ai jamais vu dans cet état. Dis-moi ce qui navre ton cœur, ce qui te porte à t'asseoir seul ici sous ce poirier et ce qui remplit tes yeux de larmes. »

L'excellent jeune homme recueillant les forces de son âme : « Vraiment, répliqua-t-il, pour être à présent insensible à la misère humaine, à la détresse des exilés, il faut n'avoir pas même un cœur, et avoir une poitrine d'airain; pour vivre en nos jours

sans aucun souci sur son propre bonheur ni sur le
bonheur de sa patrie, il faut avoir une tête entièrement dépourvue de sens. Ce qu'aujourd'hui j'ai vu
et entendu a pénétré mon âme : je suis sorti de la
maison ; j'ai porté mes regards sur le paysage admirable, étendu, qu'embrassent autour de nous des coteaux fertiles ; sur les épis dorés qui déjà se penchent
en gerbes au-devant du moissonneur ; sur les riches
fruits qui promettent de remplir nos greniers ; mais
hélas! que l'ennemi est près de nous! Les flots du
Rhin nous défendent ; mais que peuvent maintenant
les flots et les montagnes contre cette nation terrible qui s'approche comme un orage, qui rassemble
de toutes parts la jeunesse et la vieillesse, et va toujours en avant avec impétuosité? multitude qui ne
craint pas la mort, multitude qui presse la multitude
et soudain la remplace. Et un Germain se hasarde de
rester dans sa maison! il espère peut-être échapper
au désastre qui menace d'être universel. Ma mère
chérie, je vous déclare que je suis chagrin en ce
jour d'avoir été exempté de l'enrôlement fait, il y a
peu de temps, parmi nos citoyens. Il est vrai, je
suis votre fils unique [1] ; nos possessions et les soins
d'en recueillir tous les produits sont considérables ;
mais ne me vaudrait-il pas mieux d'être placé en
avant des frontières, pour résister à l'ennemi, que
d'attendre ici la misère et la servitude? Oui, mon
esprit animé de courage, le désir ardent qui s'élève
du fond de mon cœur, me disent de vivre et de

---

1. Selon la règle établie, cette circonstance lui donnait
un droit à l'exemption.

mourir pour la patrie et d'offrir un digne exemple.
Si la fleur de la jeunesse allemande se réunissait aux
frontières, déterminée par un mutuel engagement à
ne point céder le terrain aux étrangers... oh ! certainement ils ne mettraient pas le pied sur notre sol
heureux, ils ne consommeraient pas sous nos yeux
les fruits de notre pays, ils ne commanderaient point
aux hommes et n'y enlèveraient point les femmes.
Apprenez, ma mère, que j'ai fermement résolu d'exé-
cuter bientôt, à cet instant même, ce que la raison
et la justice m'ont paru exiger de moi. Les longues
délibérations n'amènent pas toujours le choix le plus
sage : apprenez que je ne rentrerai pas dans notre
maison ; d'ici je me rends à la ville, et je consacre à
nos guerriers ce cœur et ce bras pour le service de
la patrie. Qu'après cela mon père juge si une ambition louable ne vit pas aussi dans mon âme, et si
je n'ai aucun désir de m'élever. »

La bonne et sage mère, répandant quelques larmes,
car elles paraissaient facilement sur sa paupière :
« Mon fils, dit-elle avec un regard expressif, qu'est-ce
qui t'a changé à ce point ? Tous les jours, hier encore, tu ouvrais ton cœur à ta mère ; pourquoi ne lui
fais-tu pas connaître tes souhaits ? Si quelque autre
t'eût entendu, séduit par l'énergie de tes paroles, il
te comblerait d'éloges et vanterait ton dessein comme
le plus généreux qu'on puisse former ; moi, je te
blâme : car, vois-tu, je te connais mieux. Tu me
voiles ton cœur. Ce n'est pas le tambour ni la trompette qui t'excitent à partir ; tu ne désires pas te
produire en uniforme aux yeux de nos jeunes filles ;
quelque brave que tu sois, ta vocation est de bien

régler et de maintenir notre maison, et de veiller paisiblement sur la culture de nos terres. Parle-moi donc avec ingénuité : qu'est-ce qui te pousse à cette résolution ? »

« Ma mère, dit-il avec un air sérieux, vous êtes dans l'erreur. Les jours ne se ressemblent pas : l'adolescent mûrit, devient homme ; il mûrit mieux pour les belles actions dans une vie calme et réglée que dans une vie incertaine et tumultueuse, souvent la perte des jeunes gens. Quoique mon caractère soit, ait été paisible, il s'est formé dans mon sein un cœur qui hait l'injustice et l'oppression ; j'apprécie très bien ce qui arrive dans le monde, et mon corps s'est fortifié par le travail. Tout ceci est vrai, je le sens et l'ose affirmer. Cependant, ma mère, vous avez eu raison de me blâmer, et vous m'avez surpris ne disant pas la vérité entière et me rendant coupable de quelque dissimulation. Je l'avoue : ce n'est pas l'approche du péril qui me fait quitter la maison de mon père, ni la pensée généreuse d'être le défenseur de la patrie et l'effroi de l'ennemi. Ce n'étaient là que des paroles, elles vous devaient cacher les sentiments qui déchirent mon cœur. O ma mère! veuillez me laisser ; puisque ce cœur forme des vœux inutiles, que ma vie se donne inutilement : car je sais que si tous ne concourent pas au même but, se consacrer à notre défense, c'est vouloir se perdre. »

« Poursuis, reprit sa mère ; que je sache tout, depuis le plus grand sujet de ton agitation jusqu'au moindre. Les hommes sont violents, ils se portent souvent à quelque extrémité ; les oppositions directes

2.

achèvent de les mettre hors d'eux-mêmes; une femme est habile à trouver des moyens, à prendre, s'il le faut, un détour adroit pour arriver au but. Ne me cache rien : pourquoi es-tu plus vivement ému que tu ne l'as jamais été? pourquoi ton sang bouillonne-t-il dans tes veines? pourquoi des larmes, malgré toi, se pressent-elles dans tes yeux pour s'en précipiter? »

Alors le bon jeune homme s'abandonne à sa douleur; il pleure, il sanglote sur le sein de sa mère; il est vaincu, et profère ces paroles : « Le reproche que m'a fait mon père m'a percé l'âme, reproche que je n'ai mérité ni aujourd'hui ni en aucun jour de ma vie. Honorer mon père et ma mère fut de bonne heure mon plaisir le plus cher; personne ne me paraissait plus prudent et plus sage que ceux qui m'avaient donné la vie, et dont l'attention sévère m'avait guidé dans la nuit de l'enfance. J'ai eu beaucoup de support pour mes camarades; le venin de leur malice n'a pu nuire à l'affection que j'avais pour eux : souvent, quand ils me jouaient de mauvais tours, je faisais semblant de ne pas m'en apercevoir; mais s'ils se moquaient de mon père, lorsque, le dimanche, il sortait de l'église d'un pas grave et vénérable; s'ils riaient à la vue du ruban de son bonnet et des fleurs de sa robe de chambre qu'il portait avec dignité, et qui n'a été donnée qu'aujourd'hui; alors, fermant aussitôt un poing terrible, je me précipitais sur eux avec une rage aveugle et frappais sans savoir où tombaient mes coups redoublés; ils hurlaient, le sang coulait de leurs narines, et ils pouvaient à peine échapper à la furie de ma

poursuite. Animé de ce respect filial, je croissais
pour avoir à supporter bien des torts de la part de
mon père. Avait-il à se plaindre d'autrui, l'avait-
on chagriné dans la séance du conseil ; trop de fois,
s'en prenant à moi, il m'accablait de mots injurieux,
et je portais la peine des querelles que ses collègues
lui avaient suscitées, et de leurs intrigues. Vous
m'avez souvent plaint vous-même ; j'endurais tous
ces traitements, sans cesse occupé de la pensée
d'honorer du fond de mon âme mes parents les plus
chers, de reconnaître leurs bienfaits et ce tendre
sentiment qui, toujours présent au cœur d'un père
et d'une mère, les porte à se refuser beaucoup de
jouissances pour accroître le bien de leurs enfants.
Mais hélas! ce n'est pas cette attention seule, dont
les fruits sont tardifs, qui procure le bonheur; il ne
résulte pas d'amas accumulés sur amas, ni de champs
ajoutés à champs, quoiqu'on ait eu soin de les bien
arrondir. Un père, et avec lui ses enfants, avancent
en âge sans jouir d'un heureux jour, sans être déga-
gés des soucis du lendemain. Voyez l'étendue et la
richesse de ces champs; au-dessous le vignoble et
le jardin; plus loin les granges et les étables : quelle
série agréable de biens! mais lorsqu'au delà je regarde l'arrière-maison, le toit sous lequel je découvre la fenêtre de ma petite chambre; lorsque, me
rejetant dans le passé, je songe combien de nuits
en ce lieu j'ai déjà attendu la lune, et combien de
matins le soleil, quand le sommeil salutaire ne m'a-
vait accordé que peu d'heures de repos; ah! non
moins que ma chambre, la cour et le jardin, et le
beau champ qui s'étend sur la colline, me paraissent

maintenant si solitaires! tout à mes yeux est si désert! il me manque une compagne. »

« O mon fils, dit la tendre mère, quand tu souhaites de conduire dans ta chambre l'épouse qui t'aura été accordée, afin que la nuit soit pour toi une heureuse moitié de la vie, et que de jour tu te livres plus gaiement à des travaux dont tu posséderas les fruits, tu ne peux former ce souhait avec plus d'ardeur que ton père et ta mère. Nous t'avons toujours exhorté, pressé même de te choisir une compagne ; mais, je le sais, et mon cœur me le dit en ce moment, quand l'heure n'est pas venue, l'heure véritable, et qu'elle n'amène pas la véritable compagne, le choix est reculé, et ce qui agit le plus est la crainte de prendre la fausse. Te le dirai-je, mon fils? je crois que le tien est fait; ton cœur est atteint, il est plus sensible qu'il ne l'a jamais été. Parle ouvertement, car je me le suis déjà dit : Cette jeune fille expatriée est celle que tu as choisie. »

« Mère chérie, vous l'avez dit, répond-il avec feu, oui, c'est elle; et si je ne la conduis pas ce jour même dans notre maison comme mon épouse, si elle s'éloigne, et, ce que peuvent causer les troubles de la guerre et tant de funestes migrations, si elle disparaît pour toujours à mes yeux, ô ma mère! en vain, dans tout le cours de ma vie, ces champs se couvriront pour moi des plus riches fruits, en vain chaque année m'apportera les dons de l'abondance. Oui, la maison où je suis né, le jardin, ont perdu pour moi tout leur attrait; et même, hélas! la tendresse d'une mère ne console point cet infortuné. Je sens que l'amour relâche tous les autres nœuds en

formant les siens; si la jeune fille s'éloigne de son
père et de sa mère pour suivre son mari, le jeune
homme qui voit partir sa seule bien-aimée oublie
qu'il a une mère et un père. Laissez-moi donc m'a-
bandonner à la route où me pousse le désespoir:
car mon père a prononcé la sentence décisive, et sa
maison n'est plus la mienne, quand il la ferme à
celle que seule je désirais y conduire. »

« Deux hommes opposés dans leurs sentiments,
reprit la bonne et prudente mère, sont-ils donc
comme des rocs? sont-ils tellement fiers et immobiles qu'aucun d'eux ne veuille faire un pas pour se
rapprocher l'un de l'autre, ni ouvrir le premier ses
lèvres et proférer des paroles conciliantes? Mon
fils, je t'en assure, dans mon cœur vit encore l'espoir que ton père, quoique si prononcé contre le
choix d'une fille indigente, te permettra d'épouser
celle que tu aimes, pourvu qu'elle soit bonne et sage.
Dans ses vivacités il dit bien des choses qu'ensuite
il n'exécute pas : aussi lui arrive-t-il souvent de con-
sentir à ce qu'il avait refusé, mais il exige des paroles douces, et il peut les exiger de toi, il est ton
père. Nous savons très bien aussi que son courroux
ne dure pas longtemps après son repas. Quand, à
table, il parle avec feu et se plaît à contester les
raisonnements des convives, le vin, réveillant toute
la véhémence avec laquelle s'exerce sa volonté, ne
lui permet pas de bien saisir leurs expressions; il
n'écoute que lui seul, et n'est affecté que de ses
propres sentiments; mais le soir arrive, et les longs
entretiens auxquels il s'est livré avec ses amis sont
passés ; il est plus doux, je le sais, quand la petite

pointe de vin s'est évaporée, et qu'il sent les torts que sa vivacité lui a fait commettre. Viens, faisons sur-le-champ la tentative ; risquer avec courage amène seul le succès ; le secours des amis assis encore à ses côtés nous est nécessaire, et particulièrement le digne pasteur nous secondera. »

Elle dit avec feu ; et, se levant du banc de pierre, elle en retire son fils, disposé à suivre ses pas ; occupés de leur dessein important, ils descendent la colline en silence.

V. POLYMNIE.

Le Cosmopolite.

Les trois personnages encore assis, le pasteur, le pharmacien et l'hôte, poursuivaient leur entretien, dont le sujet, considéré par eux sous toutes ses faces, était toujours le même. « Je ne cherche pas à vous contredire, dit le pasteur guidé par des vues sages. L'homme, je le sais, tend à l'amélioration de son état, il aspire à s'élever, ou du moins la nouveauté réveille ses désirs ; mais gardez-vous de rien outrer : car, avec ce penchant, la nature nous inspira aussi de l'attachement pour ce qui est ancien ; elle fait pour nous d'une longue habitude un plaisir. Tous les états sont bons, lorsque la nature et la raison ne les condamnent pas ; l'homme désire beaucoup, et n'a besoin que de peu ; les jours des mortels sont de courte durée et leur sort est borné. Je ne blâme pas celui qui, toujours actif et ne connaissant point le repos, parcourt avec une ardeur audacieuse les mers et toutes les routes de la terre, satisfait de s'environner lui et les siens de ces gains accumulés ; mais je sais priser l'homme paisible, qui porte ses pas tranquilles autour de l'héritage paternel, et qui, prenant l'ordre des saisons, cultive son champ. Il ne voit pas le sol changer à chaque année pour contenter ses vœux, ni l'arbre nouvellement planté se hâter d'étendre vers le ciel des rameaux décorés des richesses de l'automne ; non, la patience lui est nécessaire ; il doit avoir une âme

pure, égale et calme, une raison droite ; il ne confie
que peu de semences au sol nourricier, et ne sait
élever que de petits troupeaux ; l'utile est la seule
pensée qui l'occupe. Heureux celui qui reçut de la
nature un caractère si bien réglé ! Nous devons tous
notre nourriture à des hommes semblables. Heureux aussi l'habitant d'une petite cité, qui vit et de
son champ et de sa profession ! sur lui ne pèsent
point la peine et les soucis qu'éprouve le villageois,
circonscrit en des limites étroites ; il n'est pas moins
à l'abri des troubles continuels qui agitent les insa-
tiables habitants des villes opulentes, et surtout les
femmes, par l'ambition de rivaliser avec les plus
riches et les plus grands, lors même que leurs
moyens sont faibles. Notre hôte, bénissez donc
constamment l'application de votre fils à des travaux
paisibles, et bénissez la compagne assortie à son
caractère qu'un jour il se choisira. »

Il achevait ces paroles, lorsque la mère entre, tenant son fils par la main, le conduit et le place devant son mari. « Bon père, dit-elle, combien de fois,
en jasant ensemble, avons-nous fait mention du jour
heureux et longtemps attendu où notre Hermann,
par le choix de son épouse, nous comblerait enfin
de joie ! Nos pensées se portaient çà et là ; nous lui
destinions tantôt l'une, tantôt l'autre, dans ces entretiens familiers d'un père et d'une mère. A présent ce jour est arrivé ; le Ciel a conduit devant ses
pas et lui a présenté son épouse, et son cœur s'est
décidé. Ne disions-nous pas toujours : Il doit former ce choix lui-même ? Bien auparavant, n'as-tu
pas souhaité de voir naître en lui cette vive inclina-

tion qui lui ferait trouver son bonheur dans une
compagne ? L'heure est venue : il a éprouvé ce sentiment, et a fait son choix en homme sensible, C'est
cette jeune fille, cette étrangère qui l'a rencontré.
Qu'il l'obtienne de toi ; sinon, il a juré qu'il ne pren-
drait jamais d'épouse. »

« Que je l'obtienne de vous, mon père, dit le fils ;
mon cœur a fait un choix sûr, exempt de blâme :
vous aurez en elle une fille incomparable. »

Mais le père gardait le silence. Aussitôt le pasteur
se lève, et, prenant la parole : « C'est toujours d'un
moment que la vie et la destinée de l'homme dé-
pendent : car, même après de longues délibérations,
la décision est l'ouvrage d'un moment, et l'homme
sensé prend seul la meilleure ; c'est un tact du sentiment, qu'on risque d'émousser en se livrant alors
à des considérations accessoires. L'âme d'Hermann
est saine ; je le connais depuis son enfance ; il ne
tendait pas indifféremment les mains vers tous les
objets ; ce qu'il demandait pouvait lui convenir ;
alors aussi il ne lâchait pas prise. Ne soyez donc
point surpris, effarouché, de voir arriver soudain
ce que vous souhaitiez depuis si longtemps. Il est
vrai que votre vœu, tel que vous l'aviez conçu peut-
être, n'est pas rempli ; nos désirs aveugles nous dé-
guisent quelquefois l'objet désiré ; les dons nous
viennent d'en haut sous leur forme véritable. Ne mé-
connaissez donc point la jeune personne qui, la première, a touché l'âme de ce fils bon et judicieux
que vous adorez. Heureux celui à qui la première
qu'il aime donne aussitôt sa main, et dont le vœu le
plus cher ne languit pas secrètement au fond de son

cœur ! Oui, tout en lui me l'annonce, le sort de
votre fils est décidé. Un penchant vrai fait subite-
ment de l'adolescent un homme. Hermann est iné-
branlable : si vous lui refusez votre consentement,
je crains que les plus belles années de sa vie ne
s'écoulent dans la tristesse. »

Le pharmacien, dont les paroles étaient prêtes
depuis longtemps à s'échapper de ses lèvres : « Pre-
nons en cette occasion aussi la route moyenne, dit-il
avec un air réfléchi; l'empereur Auguste même
avait pour devise : Hâte-toi lentement. Je suis très
disposé à servir le cher voisin, à mettre en œuvre
pour son utilité le peu que j'ai d'intelligence ; la
jeunesse, en particulier, a besoin d'être guidée. Laissez-moi donc partir; je veux apprécier la jeune personne, questionner sa commune, qui doit la connaître; on ne m'abuse pas si facilement, et je sais
évaluer les paroles. »

Ces mots volent des lèvres du fils : « Faites cela,
mon voisin, allez, prenez des informations; mais je
désire que le digne pasteur vous accompagne : deux
hommes si excellents sont des témoins irrépro-
chables. O mon père, ne croyez pas que cette personne en venant ici ait fait une échappée; elle n'est
pas de ces vagabondes qui parcourent le pays pour
enlacer par leurs intrigues les jeunes gens sans
expérience. Non, ce fléau terrible, universel, la
guerre, qui ravage le monde, qui a déjà soulevé
hors de leurs fondements tant de maisons solides,
a banni aussi l'infortunée. Des hommes distingués
et d'une illustre naissance ne sont-ils pas errants et
misérables? des princes déguisés fuient, des rois

vivent dans le bannissement. Hélas! elle est de
même fugitive, elle, la meilleure de son sexe ; ou-
bliant ses propres malheurs, elle assiste ceux qui
en sont les compagnons, secourable encore lorsqu'elle est elle-même sans secours. De grandes ca-
lamités s'étendent sur la terre. Serait-il impossible
qu'un bien sortît de ces maux? et ne pourrais-je
pas, en recevant dans mes bras une compagne fidèle,
me consoler de cette guerre, comme vous vous con-
solâtes de l'incendie? »

Alors le père, rompant le silence, signifie en ces
mots sa volonté : « Comment, ô fils! s'est déliée ta
langue, qui depuis tant d'années était engourdie, et
ne formait des sons articulés qu'en des occasions
urgentes! Faut-il donc que j'éprouve aujourd'hui
le sort dont tous les pères sont menacés ; c'est
qu'une mère trop indulgente soit toujours prête à
favoriser l'opiniâtreté de son fils, et qu'ils trouvent
dans chaque voisin un partisan, dès que le père ou
l'époux essuie de leur part une attaque? Mais je ne
veux pas lutter contre vous tous réunis ; qu'en ré-
sulterait-il? d'avance je vois déjà la mutinerie et les
larmes. Allez, et si vos informations lui sont favorables, à la garde de Dieu, amenez-la dans ma maison comme ma fille ; sinon, qu'il l'oublie. »

Ainsi dit le père, et, transporté de joie, le fils
s'écrie : « Avant la fin du jour vous aurez la plus
estimable fille que puisse désirer un homme en qui
respire la sagesse. Elle sera aussi heureuse qu'elle
est bonne, c'est ce que j'ose affirmer. Oui, elle me
remerciera toute sa vie de lui avoir rendu en vous
un père et une mère, comme, de leur côté, un père

et une mère désirent avoir des enfants vertueux.
Mais plus de retard ; je cours harnacher mes chevaux et conduis ces amis sur les traces de celle que
j'aime ; je m'abandonne à eux, à leur prudence ;
leur décision, je vous en fais le serment, est ma
règle, et je ne revois plus la jeune étrangère qu'elle
ne soit à moi. » En même temps il sort ; ceux qui
restent dans le salon confèrent entre eux avec sagesse et se hâtent de se concerter pour cette affaire
importante.

Hermann vole vers l'écurie, où les ardents chevaux se reposaient et consommaient rapidement
l'avoine pure et le foin sec, fauché dans la meilleure
prairie. Aussitôt il leur met le frein luisant, fait
passer les courroies dans les boucles argentées,
attache les longues et larges guides, et conduit les
chevaux dans la cour, où le zélé valet, tirant la voiture par le timon, l'a fait avancer. Donnant aux
traits leur exacte longueur, ils attellent les coursiers dont la vigueur emporte légèrement un char
dans la carrière. Hermann a saisi le fouet, il est
assis, et la voiture étant arrivée sous la voûte de la
grande porte, et les deux amis ayant pris aussitôt
leurs places, elle roule avec rapidité, laisse en arrière le pavé, les murs et les tours éclatantes. Il dirige vers la célèbre chaussée sa course toujours également impétueuse, soit qu'il monte les coteaux, soit
qu'il descende dans les plaines ; mais, lorsqu'il aperçoit la tour du village et les chaumières entourées de
jardins, il se dit qu'il est temps d'arrêter ses chevaux.

Ceint du vénérable ombrage de tilleuls élevés
jusqu'au ciel, et enracinés profondément depuis des

siècles, s'étendait devant le village un grand pré,
couvert d'un gazon vert, lieu de plaisance des villageois et des citadins du voisinage. Sous ces arbres,
au bas d'un plan incliné, était une fontaine ; en des-
cendant les degrés, on voyait des bancs de pierre
placés autour de la source pure, toujours vive et
jaillissante ; un petit mur l'environnait et servait
d'appui à ceux qui venaient puiser dans son onde
épanchée. Hermann prend la résolution d'arrêter ses
chevaux sous cet ombrage ; il l'exécute. « Mes amis,
dit-il, descendez à présent de la voiture, et allez apprendre si cette jeune personne mérite que je lui
offre ma main. Pour moi, je n'en doute pas ; vous
ne me direz rien à ce sujet qui me soit nouveau et
me surprenne ; si j'étais chargé seul de ma conduite,
je volerais au village, et la bonne fille déciderait de
mon sort en peu de mots. Il vous sera aisé de la
reconnaître : car j'ai peine à croire que la beauté de
quelque autre puisse être comparable à la sienne ;
cependant je vous donnerai encore pour indices ses
vêtements, dont la propreté est remarquable. Un
rouge corps de jupe, fermé par un beau lacet, élève
son sein arrondi ; son corset noir marque sa taille ;
elle a soigneusement plissé le haut de sa chemise
pour former la fraise qui entoure son menton avec
une grâce pudique ; son visage ovale et agréable
annonce la candeur et la sérénité ; ses longs cheveux sont roulés plusieurs fois en tresses fortes autour d'épingles d'argent ; son jupon bleu, sous le
corset, descend en plis nombreux à ses pieds. Mais
ce que je dois vous dire encore, et ce dont je vous
conjure expressément, c'est de ne point parler à la

jeune personne, et de ne point laisser apercevoir
votre but ; contentez-vous d'interroger les autres,
d'écouter tout ce qu'ils vous raconteront à son sujet.
Quand vous serez assez éclaircis pour tranquilliser
mon père et ma mère, venez me rejoindre, et nous
songerons au parti qu'il faudra prendre. Je me suis
formé ce plan durant notre route. »

A ces mots, les deux amis se rendent au village.
Les jardins, les granges et les maisons fourmillaient
d'une multitude d'hommes ; les charrettes, pressant
les charrettes, remplissaient la rue spacieuse ; les
hommes soignaient les chevaux et les animaux mu-
gissants qui restaient attelés ; les femmes se hâ-
taient d'étendre sur toutes les haies le linge pour le
sécher, et les enfants joyeux barbotaient dans une
eau limpide. Les deux honnêtes espions, se faisant
jour à travers les charrettes, les hommes et les animaux, portaient leurs regards à droite et à gauche,
cherchaient les traits de la personne indiquée ; mais
aucune des femmes qu'ils aperçoivent ne leur paraît être cette jeune merveille. Bientôt la presse
s'augmente devant leurs pas. Des hommes turbu-
lents se querellaient autour des chariots ; des
femmes prenaient part à la querelle, et poussaient
des cris perçants. Aussitôt un vieillard qui marchait
avec dignité s'approche, arrive près des contes-
tants ; du moment qu'il a ordonné la paix et menacé
de punir du ton sérieux d'un père, le tumulte est
étouffé. « Le malheur, s'écrie-t-il, n'a donc pu encore nous mettre un frein, nous faire enfin com-
prendre, quand même nous ne saurions pas tous
également peser nos actions, que nous nous devons

les uns aux autres de la patience et du support. Il
est trop vrai que l'homme heureux est intraitable ;
mais nos revers ne pourront-ils pas vous apprendre
à ne plus vivre en discorde avec vos frères ? voyez
donc avec bienveillance la place que l'un de vous
obtient sur un sol étranger, et partagez ensemble ce
qui vous reste de vos possessions, afin de rencontrer à votre tour des âmes compatissantes. »

Tel est le discours de ce vieillard, et tous gardaient
un profond silence : rappelés à la douceur, ils ran-
gent de bon accord les attelages et les chariots. Le
pasteur ayant entendu ces paroles, et vu dans la
personne de cet étranger le calme d'un juge, s'a-
vance vers lui, et ces mots expriment les sentiments
dont il est animé : « Père vénérable, quand un peuple
coule ses jours en des temps heureux, où il vit paisiblement des fruits de la terre, qui ouvre de toutes
parts son vaste sein et renouvelle libéralement
chaque année et chaque mois les dons qu'il désire,
alors tout marche comme de soi-même, chacun s'es-
time le plus prudent et le plus sage ; on se main-
tient l'un à côté de l'autre, et le plus sensé est
quelquefois confondu dans la foule, parce que les
événements se succèdent d'un cours tranquille et
semblent être leurs propres moteurs. Mais le malheur vient-il rompre les sentiers ordinaires de la
vie, renverser la maison, ravager le jardin et le
champ, bannir le mari et la femme du sein de leur
domicile chéri, et les entraîner dans un labyrinthe
immense, durant des jours et des nuits de cruelle
détresse; ah ! l'on cherche alors autour de soi qui
pourrait bien être l'homme le plus prudent, et il ne

profère plus en vain ses oracles. Répondez, respectable étranger; vous exercez, j'en suis certain, les fonctions de juge parmi ces fugitifs dont vous avez calmé l'âme en un moment. Oui, je crois aujourd'hui voir m'apparaître un de ces plus anciens chefs qui conduisirent des peuples exilés par les déserts et par des routes incertaines : je crois parler à Josué même ou à Moïse. ».

Le juge lui répond avec gravité : « Il est certain que notre époque ressemble aux époques les plus extraordinaires dont fassent mention les annales, soit sacrées, soit humaines : car celui qui vécut hier et qui vit aujourd'hui peut dire qu'en ce peu de moments il a vécu des années, tant les événements se pressent dans leur succession rapide. Quoique je sois encore plein de vie, si je me reporte un peu vers le passé, il me semble que la vieillesse la plus chenue pèse sur ma tête! Oh! nous pouvons bien nous comparer à ceux auxquels, dans une heure terrible, Dieu le Seigneur apparut au milieu du buisson ardent; car il nous apparut aussi au milieu des nuées et des flammes. »

Le pasteur se propose de prolonger cet entretien pour connaître le sort de ce vieillard et de ceux dont il était le conducteur, lorsque son compagnon, empressé d'agir, lui dit secrètement à l'oreille : « Continuez de parler avec le juge, et dirigez le discours sur la jeune personne; moi, je vais de tous côtés pour la chercher, et reviens dès que je l'aurai trouvée. » Le pasteur l'approuve d'un signe de tête, et l'honnête espion parcourt les jardins, les buissons et les granges.

forts pour servir mon père à son gré, en me chargeant de veiller matin et soir sur la culture de ses
champs et de ses vignobles, avec le même soin que
s'ils m'appartenaient en propre. Je n'eus pas de
peine à contenter ma mère; elle rendit justice à
mon zèle; tu seras de même à ses yeux la plus excellente des filles en soignant sa maison comme si
elle était à toi; mais il en est autrement de mon
père; il aime qu'aux actions se joignent encore de
certaines apparences qui le flattent. Belle étrangère,
ne me regarde pas comme un fils dénaturé, si, dès
mon abord, je te parle de son faible. Oui, je te le
jure! c'est la première fois qu'un tel aveu sort de
mes lèvres, qui ne s'ouvrent jamais pour un babil
léger; mais tu m'inspires tant de confiance que mon
cœur s'épanche avec toi. Ce bon père se plaît à quelques décorations dans le commerce de la vie, il
exige des témoignages extérieurs d'attachement et
de vénération : un mauvais serviteur, qui saurait
profiter de ce penchant, parviendrait peut-être à
captiver sa bienveillance, tandis que le meilleur,
s'il ne s'y prêtait pas, pourrait devenir l'objet de
son aversion. »

« J'ai le ferme espoir de les contenter l'un et
l'autre, répond-elle avec joie, et en doublant légèrement le pas dans le sentier qui s'obscurcissait. Le
caractère de votre mère est parfaitement semblable
au mien, et dès mon enfance les manières agréables
ne me furent pas étrangères. Autrefois les Français,
nos voisins, mettaient un grand prix à la civilité;
elle était commune aux nobles, aux bourgeois et à
ceux qui vivent sous le chaume, chacun la recom-

mandait à ses enfants. Chez nos Germains aussi, les enfants venaient le matin souhaiter la bonne journée au père et à la mère, en leur baisant la main et en leur faisant la révérence, et ils se conduisaient avec politesse et décence le jour entier. Tout ce que je tiens, depuis mon enfance, d'une bonne éducation et d'une heureuse habitude, tout ce que mon cœur pourra m'inspirer, je veux le consacrer au respectable vieillard. Mais qui me dira ce qu'il me reste à savoir, comment je dois me conduire envers vous-même, vous, son fils unique, et à l'avenir mon supérieur. »

Comme elle parlait ainsi, ils étaient arrivés sous le poirier. La lune, dans toute sa rondeur, répandait sa clarté majestueuse du haut de la voûte céleste; la nuit était venue, avait jeté son voile sur les dernières lueurs du soleil; à leurs yeux, en de grands espaces qui se touchent, s'étendaient les ombres de la nuit, et une lumière aussi claire que celle du jour. Hermann entend avec plaisir cette question amicale, sous le bel arbre qui l'ombrageait, au lieu qu'il aime, et qui ce jour même a été le témoin des pleurs qu'il a répandus pour sa chère exilée. Tandis qu'ils s'asseyaient pour se reposer un moment, le jeune homme transporté d'amour, saisissant la main de la jeune fille : « Que ton cœur te le dise, lui répond-il, et suis librement ce qu'il te dira. » Mais il ne hasarde pas un mot de plus, quoique l'heure soit si favorable : il craint de s'attirer un non; et sa main, hélas! a touché l'anneau qu'elle portait au doigt, cet indice qui déjà l'a troublé. Ils étaient assis en silence, lorsque la jeune fille prenant la parole : « Quelle

4.

douceur me fait éprouver l'admirable clarté de la
lune! elle égale celle du jour. Je distingue dans la
ville les maisons, les cours, jusqu'à cette fenêtre
sous ce toit; je crois pouvoir en compter les carreaux. »

« La maison que tu vois, dit le jeune homme, contenu par cette réponse, est notre demeure où je vais
te déposer, et cette fenêtre sous le toit est celle de
ma chambre, qui peut-être sera la tienne : car nous
ferons une autre distribution de nos logements. Ces
champs nous appartiennent, les blés y ont mûri pour
tomber demain sous la faucille; ici, à l'ombre de ce
poirier, nous goûterons le repos et prendrons notre
repas. Mais descendons le vignoble et traversons le
jardin; vois l'orage épouvantable qui s'approche de
nous en lançant des éclairs, et qui bientôt ensevelira
l'aimable clarté de la pleine lune. » Ils se lèvent, descendent, portent leurs pas le long du champ à travers les riches épis. Prenant plaisir à la clarté noc-
turne, ils sont arrivés au vignoble, et commencent
à marcher dans l'obscurité.

Il la conduit sur des pierres nombreuses et in-
formes, degrés du berceau. Elle descend à pas lents,
les mains appuyées sur l'épaule de son guide; la
lune, dont la lumière fugitive veillait à travers le
berceau, jette sur eux ses derniers regards, et
bientôt, environnée de nuages orageux, elle laisse ce
couple dans les ténèbres. Hermann, plein de force,
est attentif à soutenir la jeune fille, penchée sur lui
pour assurer sa marche; mais, comme elle ne connaît pas ce sentier et ces pierres de masses inégales,
le pied lui manque, il éprouve un craquement léger,

elle est près de tomber; soudain le jeune homme
intelligent, se tournant vers elle, a étendu le bras et
soutenu sa bien-aimée; elle tombe doucement sur
son épaule; leurs poitrines, leurs joues se touchent.
Immobile comme le marbre, contenu par les ordres
sévères de sa volonté, il ne la presse pas sur son
sein d'une plus forte étreinte, et se borne à ne pas
céder au poids. Chargé de ce précieux fardeau, il
éprouve un sentiment plein de charme : il sent les
battements et la chaleur du cœur de celle qu'il aime,
il recueille l'haleine embaumée qu'elle épanchait sur
ses lèvres, et il porte en homme sensible la jeune
personne, l'ornement de son sexe par sa beauté et
par la richesse de sa taille.

Pour déguiser la douleur qu'elle ressentait : « C'est,
dit-elle en plaisantant, un signe malheureux, selon
l'avis des gens graves, lorsque, en entrant dans une
maison, non loin du seuil, le pied vient à craquer.
Que n'ai-je reçu un meilleur présage! Arrêtons-nous
un moment : que diraient ton père et ta mère si tu
leur amenais une servante boiteuse? Tu leur parai-
trais un hôte peu intelligent. »

IX. URANIE.

Heureuse issue.

Muses, si favorables au tendre amour, vous qui jusqu'ici avez guidé l'excellent jeune homme dans sa route, qui avez pressé celle qu'il aimait sur son cœur avant qu'elle lui ait promis sa main ; venez à notre secours, achevez de former l'union de ce couple aimable, et dissipez promptement les nuages qui s'élèvent pour troubler leur bonheur ; mais avant dites-nous ce qui se passe en ce moment dans la maison paternelle.

La mère, remplie d'impatience et de craintes, rentre pour la troisième fois dans le salon qui réunissait l'hôte et ses deux amis, et dont elle venait à peine de sortir ; elle parle de l'orage qui s'approche, du subit obscurcissement de la lune, de la longue absence de son fils, et des périls où la nuit l'expose ; elle blâme vivement les deux amis de s'être sitôt séparés du jeune homme, sans avoir abordé l'étrangère, sans lui avoir proposé l'hymen auquel il aspire.

« N'aggrave pas le mal, dit le père mécontent ; tu vois que nous sommes nous-mêmes pleins d'impatience, dans l'attente de l'issue. »

Mais le voisin, assis tranquillement, prend la parole : « Dans ces heures de trouble, je ne cesse de reconnaître ce que je dois à feu mon père, qui, lorsque j'étais enfant, arracha de mon cœur toutes les racines de l'impatience jusqu'au dernier filet, et depuis ce temps je sais attendre mieux qu'aucun des

sages. » « Dites-nous, je vous prie, repartit l'ecclésiastique, quel secret employa le vieillard pour opérer
ce prodige. » « Volontiers, reprit le voisin, chacun
peut le mettre à profit. Dans mon enfance, il m'advint
une fois d'être impatient, en attendant avec un grand
désir la voiture qui devait nous mener à la fontaine
des tilleuls. Cependant elle n'arrivait pas ; courant
çà et là comme une belette, je montais, descendais
les degrés, je me précipitais de la fenêtre à la porte ;
le sang me picotait les doigts, je grattais les tables,
trépignais des pieds dans toute la chambre, mes
pleurs allaient couler. Rien n'échappait à cet homme
flegmatique ; mais, comme enfin je me portai jusqu'au
plus haut point de l'extravagance, il me prit tranquillement par le bras, me conduisit à la fenêtre et
me dit ces paroles remarquables : Vois-tu là, en face
de nous, l'atelier de ce menuisier ? Il est fermé aujourd'hui, demain il sera ouvert ; là sont toujours en
mouvement les rabots et les scies, et du matin au
soir les heures s'écoulent dans le travail ; mais écoute
ceci. Un matin viendra où le maître et tous les garçons emploieront leur industrie à te préparer un
cercueil, qui sortira bien vite de leurs mains ; ils
s'empresseront d'apporter ici la maison de planche,
qui reçoit enfin le patient et l'impatient, et qui sera
bientôt pressée de son toit. Mon imagination me fit
tout voir en réalité, les planches jointes, la couleur
noire préparée : je m'assis paisiblement, et j'attendis
la voiture avec patience. Depuis ce temps, lorsque
d'autres, dans une attente incertaine, courent de
toutes parts en désespérés, moi, je suis forcé de
penser au cercueil. »

« L'idée frappante de la mort, dit le pasteur en souriant, ne s'offre pas au sage comme un objet d'épouvante, ni à l'homme pieux comme son dernier terme; elle fait rétrograder celui-là vers la vie en lui enseignant à la bien régler, et soutient celui-ci lorsqu'il est dans l'affliction, par l'espérance d'un bonheur futur: le trépas, pour l'un et l'autre, se change en vie. C'est donc à tort que ce père n'a montré dans la mort que la mort à son enfant sensible. On doit présenter à l'adolescent un tableau d'un grand prix, celui d'un âge mûri dans l'exercice des vertus, et au vieillard le tableau de la jeunesse, afin que tous deux se plaisent à voir ce cercle perpétuel, et qu'ainsi la vie s'achève dans l'activité de la vie. »

Mais la porte s'ouvre, et le couple admirable paraît : les tendres parents et les amis, frappés de surprise à l'aspect de la jeune personne, sont captivés par sa beauté et par la richesse de sa taille et la trouvent parfaitement assortie au jeune homme; oui, la porte semble être trop petite pour les recevoir au moment qu'ils posent ensemble le pied sur le seuil. Hermann la présente à son père et à sa mère, et leur dit ce peu de mots avec rapidité : « Voici une personne telle que vous pouvez la désirer. Mon père chéri, veuillez la bien accueillir, elle en est digne; et vous, ma mère, interrogez-la dès à présent sur tout ce qui concerne la conduite intérieure d'une maison, et vous verrez combien elle mérite de vous appartenir et de remplacer votre fille. » Se hâtant de tirer le pasteur à l'écart : « Homme excellent, venez promptement à mon secours, et déliez ce nœud, moment qui me fait trembler : car je n'ai point

ongagé cette jeune fille à me suivre comme mon
épouse; elle croit entrer dans la maison comme servante, et je crains qu'elle ne la fuie avec courroux
dès qu'on lui parlera d'hymen; mais que tout soit
décidé à cet instant même; elle ne doit pas rester
plus longtemps dans l'erreur, et je ne peux plus rester
dans le doute : hâtez-vous; et donnez-nous un nouveau
témoignage de votre sagesse, que nous honorons. »

L'ecclésiastique rejoint aussitôt les assistants;
mais, hélas! déjà l'âme de la jeune personne a été
blessée par ces paroles du père, prononcées avec son
ton badin, quoique en de bonnes intentions : « Voilà
qui me plaît, mon enfant, je me réjouis de voir que
mon fils n'a pas moins de goût que son père, qui, étant
jeune, prenait toujours la plus belle pour danser, et
qui enfin alla chercher la plus belle pour l'amener
dans sa maison comme son épouse : c'était cette petite mère. On reconnaît d'abord à l'épouse quel est
le tour d'esprit de celui qui l'a choisie, et s'il a le sentiment de ce qu'il vaut. Vous n'avez pas non plus,
n'est-ce point? délibéré longtemps : il me semble,
en effet, qu'il n'est pas si pénible de le suivre. »

Hermann n'avait entendu qu'une légère partie de
ces paroles; cependant il éprouve au dedans de lui-
même un tremblement général, et tous les assistants à la fois gardent le silence.

Mais la fille admirable, navrée jusqu'au fond de
l'âme d'une raillerie qui lui paraît insultante, reste
immobile; une rougeur subite se répand sur son
visage et sur son cou; néanmoins elle se contient;
elle rassemble ses esprits et dit ensuite au vieillard,
sans cacher tout son chagrin : « O certainement votre

fils ne m'a point préparée à une telle réception,
quand il m'a fait le portrait de son père, de cet
excellent citoyen. Je sais que vous êtes un homme
prudent, qui se comporte envers tout le monde selon la convenance des personnes ; mais il paraît que
vous n'avez pas assez de compassion pour la fille
pauvre, qui vient seulement de passer votre seuil,
et qui est disposée à vous servir ; sans quoi vous ne
m'auriez pas fait sentir, par une ironie amère, la
distance de mon sort à celui de votre fils et à votre
sort. Sans doute j'entre pauvre, avec un humble paquet, dans une maison pourvue de tout ; ce qui
donne de l'assurance à ses joyeux habitants ; je me
connais très bien, et sais quels doivent être nos rapports ; mais est-il généreux de m'accueillir, à l'instant même de ma venue, avec une raillerie qui, peu
s'en faut, me repousse loin du seuil où j'ai à peine
posé le pied ? »

Hermann, plein d'anxiétés, s'agitait et conjurait
d'un signe l'ecclésiastique, son ami, de se jeter
comme arbitre au milieu de ce débat, pour dissiper
cette erreur en un moment. L'homme prudent s'approche aussitôt ; il considère le chagrin tranquille
de Dorothée, sa sensibilité qu'elle maîtrise, ses larmes qu'elle retient au bord de sa paupière. Alors,
par une prompte impulsion de son esprit, il se détermine, au lieu de bannir tout à coup cette erreur,
à la prolonger un instant, afin de sonder les sentiments de la jeune personne, tandis qu'elle est émue.
« O fille étrangère ! lui dit-il dans ce dessein, la résolution que tu as prise de servir dans l'étranger a
été trop précipitée, si tu n'as pas assez considéré à

4.

quoi l'on se soumet en mettant le pied dans la maison de son maître : car de la main donnée dépend
le sort de l'année entière, et un seul oui oblige à
beaucoup de résignation. Les courses fatigantes, la
sueur amère causée par un travail qui presse, et qui
toujours renaît, ne sont pas ce que le service a de
plus pénible : un maître actif prend quelque part à
ces soins ; mais souffrir de son humeur, quand il
blâme à tort, ou qu'il donne à chaque instant de
nouveaux ordres sans pouvoir être d'accord avec
soi-même ; essuyer les emportements d'une maîtresse qui prend feu à la moindre occasion, les ru-
desses et les mutineries des enfants, voilà ce qui est
pénible, et ce qu'il faut cependant supporter, sans
négliger son travail, sans dépit ni murmure. Mais
tu ne me parais pas faite pour cet état, puisqu'une
plaisanterie de ce père a déjà si profondément blessé
ton âme, quoique rien ne soit plus fréquent que de
railler une jeune fille en soupçonnant qu'un jeune
homme a touché son cœur. »

Frappée de cette dernière parole qui n'a pas man-
qué le but, vivement émue, elle ne se contient plus ;
ses sentiments se manifestent avec énergie, sa poitrine se gonfle, un soupir s'y fait passage, et elle dit
aussitôt, en versant un torrent de larmes ardentes :
« Oh ! que l'homme raisonnable qui veut donner ses
conseils à l'affligé sait peu qu'une parole froide ne
peut dégager un cœur du poids des peines dont le ciel
a permis qu'il fût chargé ! Vous êtes heureux, la joie
est votre partage ; comment une raillerie pourrait-
elle vous blesser ? mais le malade sent avec douleur
la main légère qui le touche. Non, la feinte me se-

rait inutile, quand même je pourrais y recourir.
Décidons-nous à cet instant; le retard ne ferait
qu'augmenter mes peines, les rendre plus profondes, et peut-être me plonger dans un chagrin
secret qui minerait mes jours avec lenteur. Laissez-
moi partir, je ne peux rester dans cette maison, je
veux en sortir, et vais retrouver mes pauvres parents, que j'ai laissés dans le malheur, ne songeant
qu'à m'en tirer moi-même. C'est ma ferme résolution; elle me permet de vous faire l'aveu d'un sentiment qui, si j'étais restée ici, eût été enseveli dans
mon sein durant de longues années. Oui, la raillerie de ce père a profondément blessé mon âme. Ce
n'est pas que j'aie un orgueil et une sensibilité peu
convenables peut-être à l'état où j'entrais; mais il
est vrai que mon cœur a senti du penchant pour le
jeune homme qui, dans ce jour, m'est apparu comme
un libérateur. Quand il s'est éloigné de moi, et que
j'ai poursuivi ma route, il est resté présent à ma
pensée: je songeais à la personne heureuse à laquelle il avait déjà peut-être donné sa foi, et dont il
portait l'image dans son cœur. Et quand je l'ai revu
près de la source, il me semblait qu'un des immor-
tels paraissait à mes yeux satisfaits. Je l'ai suivi de
si bon cœur lorsqu'il a voulu m'engager à vous servir! Je veux l'avouer encore: durant notre route
un espoir a flatté mon âme, celui de mériter peut-
être un jour sa main, lorsque je serais parvenue à
me rendre utile au bonheur de votre maison. Je
vois seulement à cette heure les dangers auxquels
je m'exposais en vivant près de celui pour qui j'a-
vais un secret penchant; je vois à cette heure la

grande distance qui se trouve entre une fille dénuée
de biens et un jeune homme opulent, fût-elle la première de son sexe par son mérite. J'ai fait tout cet
aveu pour que vous ne méconnaissiez pas l'âme qui
a été blessée, circonstance à laquelle je dois le
dessein de m'éloigner : sans elle, mon sort eût été
de cacher mes tranquilles vœux, de le voir bientôt
amener dans sa maison son épouse ; et comment
eussé-je alors pu supporter mes peines secrètes?
Heureux avertissement! mon secret est échappé de
mon sein lorsque le mal n'est pas sans remède. Que
tout soit révélé. Rien ne doit me retenir plus longtemps ici, où je me vois confuse, agitée, où j'ai fait
le sincère aveu de mes sentiments et de ma folle
espérance. Ni la nuit qui se couvre au loin de nuages
amoncelés, ni le tonnerre roulant qui retentit à
mon oreille, ni les torrents qui se précipitent du
ciel sur les campagnes avec violence, ni le bruisse-
ment des vents orageux, rien n'arrêtera mes pas.
J'ai soutenu tous ces assauts dans notre fuite désas-
treuse et près de l'ennemi qui nous poursuivait. Je
vais m'exposer encore à ce qui peut m'arriver sur
la terre, comme j'y suis accoutumée depuis longtemps, saisie, entraînée par le tourbillon du temps
où nous sommes, qui me sépare de tout. Vivez
heureux, je ne me retarde plus un moment, le sort
en est jeté. »

En achevant ces mots, elle se retirait précipitamment et dirigeait ses pas vers la porte, ayant encore
son humble paquet ; lorsque la mère, entourant de
ses bras la jeune fille et la retenant : « Dis, s'écrie-
t-elle stupéfaite, que signifient tout ceci et tes larmes

inutiles? Non, je ne te laisse point aller, tu es l'épouse de mon fils. »

Le père mécontent regardait la fille éplorée, et il dit avec humeur : « Ainsi, pour prix de toute ma complaisance, ce qui m'est le plus désagréable doit m'arriver à la fin du jour! car rien ne me révolte plus que les pleurs des femmes, les cris passionnés, qui rendent inextricable ce qu'un peu de raison débrouillerait plus facilement. Je ne puis être témoin plus longtemps de cette étrange scène; conduisez-la vous-même à sa fin, je me retire pour me coucher. »

Se tournant aussitôt, il voulait se rendre à la chambre où était son lit nuptial, et où le sommeil lui faisait goûter le repos; mais son fils, le retenant : « Mon père, lui dit-il d'une voix suppliante, ne précipitez rien, et ne soyez point irrité contre la jeune personne. Je dois seul porter la peine de tout ce trouble, que cet ami, trompant mon attente, vient d'augmenter encore par sa feinte. Prenez la parole, homme estimable, vous à qui j'ai confié mes intérêts : loin d'ajouter à nos tourments, veuillez tout éclaircir : car la vénération que je vous porte s'affaiblirait si les peines d'autrui, au lieu de vous engager à l'exercice de votre haute sagesse, n'étaient pour vous que le sujet d'une joie maligne. »

« Quelle prudence, dit le pasteur avec un sourire, eût mieux réussi à tirer du cœur de cette excellente personne l'aimable aveu que nous venons d'entendre et à nous dévoiler son caractère? Ta tristesse ne s'est-elle pas aussitôt convertie en joie, en ravissement? Parle-lui donc toi-même; lui faut-il d'autres éclaircissements que les tiens? »

Alors Hermann, s'avançant vers Dorothée : « Ne regrette point tes larmes et cette douleur passagère, lui dit-il avec tendresse ; elles confirment mon bonheur, et, je l'espère, le tien. Je ne suis pas venu à la fontaine pour proposer à l'étrangère, à la fille la plus accomplie, d'être notre servante ; j'y suis venu pour obtenir ton cœur et ta main. Mais hélas ! mon œil intimidé n'a pu voir quel était le penchant de ton cœur ; je n'ai aperçu dans tes regards que de l'amitié, lorsque tu m'as salué dans le paisible miroir de la source. Te conduire dans notre maison était déjà la moitié de mon bonheur. Veuille le rendre parfait ; oh ! que je puisse bénir ce moment ! » Elle lève vers le jeune homme des yeux où règne l'émotion la plus tendre, et ne se refuse pas à cet embrassement et à ce baiser, le comble des délices lorsqu'il est pour des cœurs qui s'aiment le gage longtemps désiré du bonheur futur de leur vie, bonheur qui leur paraît alors illimité.

Le pasteur avait dissipé les incertitudes des autres assistants. Mais la jeune fille se présente avec grâce au père, s'incline devant lui, pénétrée de respect et d'affection, et, lui baisant la main qu'il retirait : « Que la justice, dit-elle, vous fasse pardonner à celle qu'une erreur a troublée, les larmes de la douleur et les larmes de la joie. Oh ! pardonnez-moi la sensibilité à laquelle d'abord je me suis livrée ; pardonnez-moi aussi celle que j'éprouve en ce moment, et laissez-moi le temps de me reconnaître dans le bonheur inopiné qui m'arrive, et que chacun ici partage. Oui, que ce premier chagrin, causé par moi, qu'une surprise a égarée, soit le dernier. Le service fidèle auquel la servante s'était engagée, et que l'affection lui aurait allégé, vous sera rendu par votre fille. »

Aussitôt le père l'embrasse en cachant ses larmes. La mère s'approche d'elle avec confiance et la baise tendrement ; leurs mains, l'une dans l'autre, s'agitent en signe d'amitié; les deux femmes en pleurs gardaient le silence.

Alors le bon et judicieux pasteur se hâte de saisir la main du père et lui tire, non sans peine, du doigt potelé l'anneau nuptial; il prend l'anneau de la mère et unit les deux jeunes gens. « Que ces anneaux d'or, dit-il, soient destinés à former l'étroite union d'un second hymen, aussi heureux que l'ancien. Hermann est pénétré d'amour pour Dorothée; elle avoue qu'il est l'objet de ses vœux. Je vous unis donc en ce moment, et vous bénis pour le reste de vos jours, par la volonté d'un père et d'une mère, et sous les yeux de ce témoin notre ami. »

Le voisin aussitôt s'incline vers eux et leur adresse des vœux ardents. Mais le pasteur, en voulant attacher l'anneau au doigt de la jeune personne, aperçoit avec étonnement celui qu'elle y portait, et qu'Hermann a considéré avec tant d'inquiétude lors de leur rencontre près de la source. «Quoi! dit-il avec enjouement, ce sont donc ici tes secondes fiançailles? Pourvu que le premier fiancé ne se présente pas à l'autel pour s'opposer à votre union! »

«Oh! souffrez, répond-elle, que je consacre un moment à ce souvenir : l'homme vertueux qui, à son départ, me donna cet anneau, et qui ne revit pas ses foyers, le mérite bien. Il prévit tout, lorsque l'amour de la liberté et le désir de coopérer à de grandes

révolutions l'entraînèrent à Paris, où il trouva la pri-
son et la mort. Vis heureuse, me dit-il, je pars ; tout
s'agite sur la terre, tout semble se désunir ; les bases
fondamentales des États les plus solides se rompent,
l'héritage abandonne l'ancien possesseur, l'ami se
sépare de son ami, l'amant même de son amante. Je
te laisse en ce lieu, et si jamais je t'y revois..., mais
qui peut le savoir? ce sont peut-être les dernières
paroles que je t'adresse. On l'a dit avec raison, et on
doit le dire à présent plus que jamais, l'homme n'est
qu'un étranger sur la terre ; le sol ne nous appartient plus à aucun titre ; les richesses sont er-
rantes ; l'or et l'argent des maisons et des temples
se fondent, se dégagent de leurs formes anciennes
et sacrées ; tout est en mouvement, comme si l'uni-
vers, dont la structure semblait consommée, voulait
briser ses liens pour rebrousser dans le chaos et la
nuit, et pour en sortir sous une forme nouvelle. Tu
me conserveras ton cœur ; et si jamais nous nous re-
trouvons sur les ruines du monde, nous serons des
êtres renouvelés, libres, à l'abri des coups du sort :
car celui qui aura franchi de tels jours pourra-t-il
encore recevoir des entraves? Mais si nous ne sor-
tons pas tous deux vainqueurs de ces orages, si c'est
la dernière fois que je t'embrasse, oh ! que mon
image soit présente à ta pensée, et attends avec la
même égalité d'âme le bonheur et l'infortune. Si une
nouvelle patrie ou un nouveau lien t'appellent, reçois avec gratitude les avantages que la fortune
t'aura destinés ; aime ceux qui t'auront donné leur
amitié, sois reconnaissante envers ton bienfaiteur ;
mais que la prudence guide tes pas ; ne t'expose pas

à l'amertume d'une seconde perte. Que tes jours te
soient chers ; cependant n'attache pas à la vie un
plus grand prix qu'aux autres biens, il n'en est point
qui ne soit trompeur. Telles furent ses paroles, et
cet homme magnanime ne reparut plus à mes yeux.
Je perdis ensuite tout ce que je possédais, et je me
suis bien souvent rappelé ses exhortations. J'y pense
encore en ce moment où l'amour me prépare ici le
bonheur, où l'espérance m'ouvre le plus riant avenir.
Oh! pardonne, mon excellent ami, si, en serrant ton
bras, je tremble encore. Je suis comme le nautonier,
auquel le sol le plus solide, qu'enfin il aborde,
paraît chancelant. »

Elle dit, et place l'anneau qu'elle vient de recevoir près de celui qu'elle portait. Mais Hermann,
dont l'âme est aussi intrépide que tendre : « Dorothée,
dit-il, que notre union, dans ce bouleversement général, soit d'autant plus solide et durable; opposons
ensemble aux malheurs notre courage; songeons à
conserver des jours qui doivent nous être chers et
la possession des biens qui peuvent les embellir.
Celui qui s'émeut en des temps où tout s'ébranle
étend le désastre; mais celui dont l'âme est inaltérable se crée lui-même un monde. Il n'est pas
digne des Germains de propager ce mouvement
épouvantable, ni de flotter tour à tour d'un sentiment à l'autre : que notre conduite soit conforme
à notre caractère; nous devons le dire et le penser.
On loue encore les peuples intrépides qui s'armè-
rent pour la défense de leur patrie, de leurs lois, et
des objets les plus chers de leur tendresse. Nous
sommes l'un à l'autre, et maintenant tout ce qui

est à moi m'appartient doublement et m'est plus
cher que jamais; je ne veux point le posséder avec
crainte et trouble, mais avec assurance et courage.
Si les ennemis nous menacent encore cette année
ou dans un temps plus éloigné, viens me présenter
mes armes et m'en revêtir. Persuadé, comme je
pourrai l'être que mon père, ma mère et ma maison
seront les objets de tes soins, oh! j'opposerai aux
dangers un cœur intrépide. Que tous s'enflamment
du même sentiment, la puissance se lèvera contre
la puissance, et la paix sera bientôt le sujet d'une
allégresse universelle. »

TABLE DES CHANTS.

CHANT.   I. — Calliope. *Infortune et compassion.*   1

—   II. — Terpsichore. *Hermann.*   11

—   III. — Thalie. *Les bourgeois.*   23

—   IV. — Euterpe. *La mère et le fils.*   28

—   V. — Polymnie. *Le cosmopolite.*   39

—   VI. — Clio. *L'époque.*   49

—   VII. — Érato. *Dorothée.*   63

—   VIII. — Melpomène. *Hermann et Dorothée.*   72

—   IX. — Uranie. *Heureuse issue.*   77

Paris. — Imp. DELALAIN FRÈRES, 1 et 3, rue de la Sorbonne.

Correspondance choisie de Goethe et de Schiller, nouvelle traduction française, sans le texte, par *M. J. Gérard*, recteur de l'académie de Grenoble; 1 vol. in-12. — br. 3 f.

Goethe. Hermann et Dorothée, poème, traduction française par *Bitaubé*, de l'Académie française; in-18. — br. 80 c.

Kleist (de). Michaël Kohlhaas, traduction française sans le texte, par *MM. J. Boyère*, professeur de langue allemande, et *J. Peyrègne*, licencié ès lettres; 1 vol. grand in-18. — br. 1 f.

Lessing. Laocoon (des limites de la poésie et de la peinture), nouvelle traduction française, sans le texte, par *M. E. Hallberg*, professeur de littérature étrangère à la faculté des lettres de Toulouse; 1 vol. in-18. — br. 1 f. 75 c.

Schiller. Guillaume Tell, tragédie, nouvelle traduction française par *M. U. Harber*, professeur de langue allemande; in-18. — br. 1 f. 25 c.

Schiller. Oncle et Neveu, comédie, traduction française, sans le texte, par *M. Anthime Lavaux*; in-18; — br. 60 c.

Dictionnaire classique allemand-français et français-allemand (Nouveau), rédigé spécialement en vue de l'enseignement de la langue allemande dans les établissements d'instruction publique, par *M. J. Drech*, ancien professeur de langue allemande du Prytanée militaire, professeur à l'école Monge, chevalier de la légion d'honneur, officier d'académie; 7e édition; 2 forts volumes grand in-18 à deux colonnes. — rel. demi-chag., 8 f.

(Chaque volume se vend séparément:)

Dictionnaire classique allemand-français (Nouveau), par *M. J. Drech*; 1 vol. grand in-18 à deux colonnes, de XXIV-1112 pages. — rel. toile, 4 f. 50 c.

Dictionnaire classique français-allemand (Nouveau), par *M. J. Drech*; 1 vol. grand in-18 à deux colonnes, de XII-792 pages. — rel. toile, 3 f. 75 c.

www.ingramcontent.com/pod-product-compliance
Lightning Source LLC
Chambersburg PA
CBHW060605100426
42744CB00008B/1329